皮耶罗自传：
永不停歇

GIOCHIAMO ANCORA

[意] 亚历山德罗·德尔·皮耶罗 著

王鲁岩 译

台海出版社

图书在版编目（CIP）数据

皮耶罗自传：永不停歇 /（意）亚历山德罗·德尔·皮耶罗著；
王鲁岩译 . -- 北京：台海出版社，2017.11
ISBN 978-7-5168-1601-1

Ⅰ . ①皮… Ⅱ . ①亚… ②王… Ⅲ . ①皮耶罗—自传
Ⅳ . ① K835.465.47

中国版本图书馆 CIP 数据核字（2017）第 242284 号

GIOCHIAMO ANCORA By ALESSANDRO DEL PIERO
Copyright: ©2016 BY EDGE SRL
Book Cover Photo © EDGE SRL
Alessandro Del Piero's management office:
EDGE SRL: Via Liberazione 100, 31020 San Vendemiano (TV), Italy
Through BIG APPLE AGENCY,INC., LABUAN, MALAYSIA
Simplified Chinese edition copyright © 2017 Beijing New World Champion Culture
Co., Ltd.
All rights reserved.

版权合同登记号：01-2017-6675

本书为引进版图书，为最大限度保留原作特色，尊重原作者写作习惯，故本
书酌情保留了部分外来词汇。特此说明。

皮耶罗自传：永不停歇

著　　者 |（意）亚历山德罗·德尔·皮耶罗　　　译　者 | 王鲁岩

责任编辑 | 刘　峰　　　　　　　　　　　策划编辑 | 张　盼　吴　铮
封面设计 | 主语设计　　　　　　　　　　责任印制 | 蔡　旭

出版发行 | 台海出版社
地　　址 | 北京市东城区景山东街 20 号　　邮政编码：100009
电　　话 | 010 — 64041652（发行，邮购）
传　　真 | 010 — 84045799（总编室）
网　　址 | www.taimeng.org.cn/thcbs/default.htm
E — mail | thcbs@126.com

印　　刷 | 北京嘉业印刷厂
开　　本 | 710 毫米 × 1000 毫米　1/16
字　　数 | 110 千字
印　　张 | 9
版　　次 | 2017 年 11 月第 1 版
印　　次 | 2017 年 11 月第 1 次印刷
书　　号 | ISBN 978-7-5168-1601-1
定　　价 | 48.00 元

孩提时，我的第一个队长袖标。

身着帕多瓦青年队球衣迎战国际米兰，由我主罚的一个任意球。

1994年2月，嘉年华杯青年锦标赛获胜之后。这是我在尤文的第一个奖杯。

1996年5月22日于罗马，我高举欧足联冠军联赛奖杯。

©EDGE SRL

1996年11月于东京，手捧本场最佳球员奖杯的我和怀抱洲际杯奖杯的安杰洛·佩鲁奇（左）。

©EDGE SRL

1997年10月1日于曼彻斯特，开赛20秒的进球，欧洲冠军联赛上曼联对阵尤文图斯。

1998年11月8日我在乌迪内的赛场上受伤。

©EDGE SRL

2001年11月18日于都灵，尤文图斯对阵帕尔马，我庆祝又一个进球使我们更加接近当时的意甲领头羊——国际米兰。

2003年5月，欧洲冠军联赛决赛，我在尤文图斯对阵AC米兰前的记者招待会上。

2004年1月18日，尤文图斯对阵
锡耶纳，庆祝我的雪中进球。

©EDGE SRI

2004年5月27日，我和贝纳多·科拉迪（左）在意大利佛罗伦萨国家体育场做热身活动。

2005年的詹卢卡·佩索托（左）和我。

©EDGE SRL

2006年1月，意大利杯赛中尤文图斯4：1战胜佛罗伦萨队，我在尤文图斯的第183个进球，打破了博尼佩尔蒂的记录。

2006年7月于柏林，世界杯赛场。

我在亲吻世界杯奖杯。

我们分享胜利的喜悦。

2008年11月欧洲冠军联赛，尤文图斯2：0战胜皇家马德里，伯纳乌球场的球迷起立为我梅开二度而鼓掌。

2008年3月22日意甲比赛中，国际米兰对阵尤文图斯。

2010年意甲比赛，尤文图斯对阵锡耶纳，我在庆祝这场比赛中我的第一个进球。

2012年3月意大利杯，尤文图斯对阵AC米兰。

2012年4月11日，我的第700场比赛中的进球，尤文图斯2：1战胜拉齐奥。

2012年5月13日，都灵。我和尤文图斯一起赢得的最后一个冠军奖杯。

©EDGE SRL

2013年1月19日，悉尼FC 7：1战胜惠灵顿凤凰，我有4球入账还完成了一次助攻——多美妙的一天！

2013年1月19日，悉尼，澳大利亚超级联赛赛场上。

2013年2月悉尼FC对阵布里斯班咆哮，该场赛后我成为天蓝军团单个赛季的最高得分手。

2013年3月，西悉尼流浪者对阵悉尼FC 1：1战平，进球后我用吐舌的方式来庆祝。

2013年，我在墨尔本观看F1澳大利亚大奖赛——真激动啊！

©EDGE SRL

2013年8月5日，我在帕多瓦与悉尼FC友谊赛发布会后为球迷签名。

2013年8月于耶索洛。训练之后，准备为我的小球迷们签名——看到他们的笑容真棒！

我热爱的运动之一——篮球。

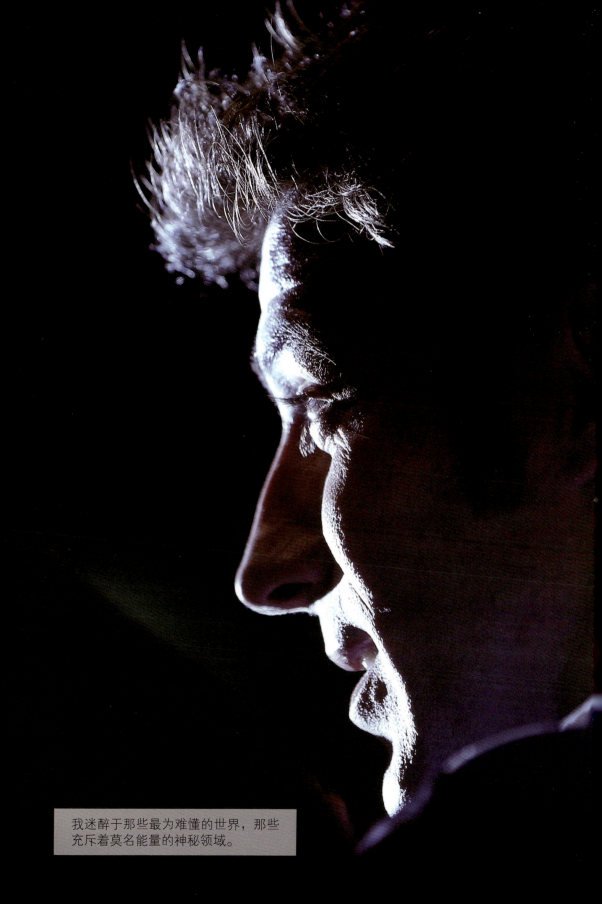

我迷醉于那些最为难懂的世界，那些
充斥着莫名能量的神秘领域。

2014年2月，悉尼FC对阵纽卡斯尔喷气机俱乐部之后我与球迷拥抱。

2014年7月3日于里约热内卢，我代表联合国儿童基金会去拜访"欢乐山"。

2014年8月10日于悉尼，我以澳超联赛全明星队队长的身份对阵尤文图斯。

澳超联赛上，我与老友安德烈亚·皮尔洛。

2014年，我到中国开通我的中国社交媒体账号——微博。

我在北京。

2015年，我参加2014国际足联金球奖颁奖典礼。

2014国际足联金球奖颁奖典礼上，我为拜仁慕尼黑门将曼努埃尔·诺伊尔（右）颁奖。

2015年，我在米兰的博科尼大学当了一回"一日教授"。

2015年于悉尼，我被任命为为亚足联亚洲杯形象大使。

2015年6月，欧洲冠军联赛决赛，巴塞罗那对阵尤文图斯，我去问候尤文图斯球迷。

2016年2月27日，我在参加2016美度米兰眼镜展。

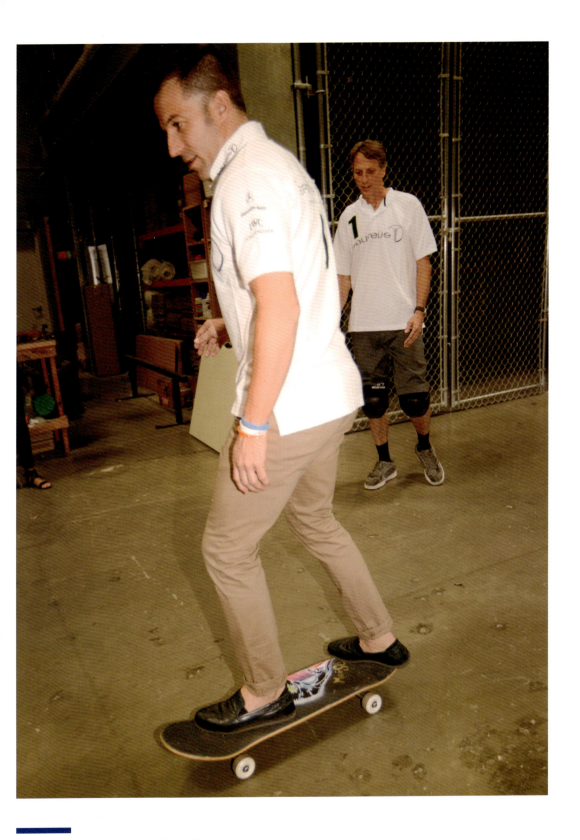

2016年，美国加州，我玩起了滑板。

NBA西区决赛，好戏刚刚上演。

2016年4月，我参加劳伦斯世界体育奖的颁奖典礼。

2017年3月，我和兵乓球运动员施拉格（左）在中国上海参加活动。

我叫亚历山德罗·德尔·皮耶罗，我踢足球。

献给我的孩子们
托比亚斯、多萝特娅和萨莎

前言

***

长大了要做什么？

大概一切都是从小学时的一篇作文开始的吧。长大了要做什么？我想写"足球运动员"，但又觉得不太合适。老师会怎么想呢？这也算不上是什么职业，最多是种游戏罢了。我爸爸的工作才能算是种职业，他是个电工，是夜里也"能被找到"的人。我一直听着这个词长大：能被找到。有时候电话铃声在深夜响起，他就必须马上穿衣出门，同事们都在电线杆子底下等着他呢。我能想象出爸爸在暴风雨中攀爬的画面——从我的床上能听到大雨打在玻璃上的声音，那些夏日的雷阵雨啊，仿佛整个世界都在崩塌下来——然后爸爸会把光明带回给整个小镇。我的英雄！电工当然是个重要的职业。

于是，我就在作文里写了希望能变成爸爸那样。我还写了也愿意当厨师，或者卡车司机。想当厨师是因为我那时候非常爱吃，现在也是喜欢到死。而想当卡车司机是因为那意味着可以四处旅行，可以满足我的好奇心。而且大卡车真是好看极了。

我的人生还是走上了本想写进作文却没有勇气写下来的那条路。不过说到底，我也还是跟梦想过的其他职业有过些许的联系。那是一场漫长的旅途：运动教会了我如何健康饮食，并在我偶尔向饕餮大餐妥协后，教我如何消耗掉多余的热量。而说到光明，嗯，希望我也有像爸爸当年那样，沿途点亮了不少心灯。

所有的一切始于我家乡的小村庄。那些完美的下午。夏天，我们总是从午饭后就开始踢球，一直玩到天黑。渐渐地，我们周围的一切开始消失。暗影吞没房屋、草地、天井附近的葡萄藤。爸爸挂上了四盏小灯来照亮我们游戏的场地，那就是我的球场，那就是我的冠军杯。

小伙伴们慢慢地都回了家。时不时有人招呼一声就跑走了。"妈妈等着我呢！"一个说，而另一个则一声不吭，转身就走掉了。剩下的人越来越少，7个、5个、3个孩子，到最后，只剩下两个人伴着蛙鸣游戏。这样真好，每个人都汗透衣衫，筋疲力尽。夜色笼罩了一切，只有一样东西还能看得分明，它又亮又圆永不停歇，那就是足球。

我和剩下的小伙伴开始挑战盘球过人，或是射门，或者是那种不可思议的一对一没有守门员的比赛，直到真正的夜晚降临，他也必须回家去了。于是只剩下我一个人了，我和足球，我最完美的同伴。而我会与看不见的对手继续较量。这就是我的童年，我的脑海中只有足球。我并不想孤单一人，我想成为真正的球员，我想成为冠军。我想联赛折桂，也想捧起世界杯，我想成名，我想要大家都爱我，我想证明最小不点儿的也可以是最好的。

　　我叫亚历山德罗·德尔·皮耶罗，我踢足球。童年时的梦想都成了现实——我是一个幸运、幸福、受到眷顾的人，因为我的激情所在成了我的生活和职业——我不相信能有比这更好的命运了。我有三个年幼的孩子，每当我憧憬着他们的未来，我的祝愿就是：他们的激情也能成为他们的生活。希望有一天他们想起我的时候，就如同我回忆起我的父亲：如果是这样，也许我就能算得上是一个好父亲了，如同我的父亲。我多么希望当初能多对他说几次"我爱你"，但我们太相似，总是习惯于无声的交流。我多么希望他能见到我的孩子们啊。

　　我是一名前锋，我的任务是进球，而不是写书。所以这对我来说是一场特殊的比赛。我不是权威也不是哲学家，但我拥有很多经验，并愿意分享。运动是一门伟大的学科，是能够持续锤炼价值观的奇妙训练场。不这么想的人不可能是真正的竞技运动员。我希望把这本书作为一种记述，记录下我从运动生涯中所学到的 10 种东西。10：我的球衣背号。10 个不仅仅在足球场上指导我的重要理念。显然，这不是一本用以回忆的书，也不是一本"自传"：那是到达人生尽头时才能写就的文字，而那一天离我尚远。这本书是我：人们知晓我的一切，但很少有人能了解深层次的我。

我不喜欢被说教，更别提去说教他人了。但我热爱原则和道义。哪些呢？团队精神、坚持的能力；风度，比起阶层这更要归功于教育；我喜欢诚信，乐于奉献；我喜欢激情，意味着愿为自己所爱的东西耗尽最后一丝能量；我热爱友谊，赞赏团结，以及做出选择的能力：这正是我再次做到的，继 20 年的尤文生涯后，我选择了开启职业的最后一个段落。这并不容易，却是必须的。

我喜欢赢：有时候我不知道更强烈的是对获胜的欲望还是对失败的痛恨。我喜欢提高，喜欢到痴迷，对我这样的人来说没有其他替代方案。我乐于去倾听、去理解、去观察，能在沉默中做到这些是最好的：我是个好奇的人，这助我良多。我的天赋成就了我，它从小就伴我左右，哪怕我难以清晰地描述它。球感球技，说到底，那仍然是种非常神秘的东西：仿佛是一份上天轻易赠予你的厚礼。小时候的我一整晚一整晚地玩着海绵质地的球，试着将它踢进椅子腿之间，想象着那就是个球门，但天赋不可能因此就降临。我的天赋就是我自身，我曾怀着惊喜和感恩与之共存。

一直以来我试图成为一名最好的球员，做一个好人。有时候我做到了，有时候没有，但重要的是我始终坚持着去完成它。有很多人对我很好，在球场内我们如同一个大家庭。我经历过晦暗的时刻，我了解肉体的痛楚和精神的折磨，感谢来自他人的爱及我的意志与自励，我已经成功渡过了那些苦痛。我不信还有什么比乡间漫步更美好的事，啊，或许还是有：当我和孩子们躺在草地上，像小时候那样，凝望天空，徜徉在回忆中。

　　我的家庭简单而得体：爸爸吉诺带着有魔力的电在外工作；妈妈布鲁娜照看我们这些孩子，负责家务和其他零星的工作；哥哥斯泰法诺比我大 9 岁，他可是个重要人物，是我的榜样：在某些方面他还是我的偶像。我们彼此互补。我的妻子索妮娅是一位非凡的女性，一位伟大的妻子和妈妈：希望孩子们身上能延续当初我们俩所被教导的健康价值观。如果我的父亲还健在，那将是多么完美的幸福啊。我一直想念着他，也许终有一天我能真正地为他痛哭一场：时至今日，泪水始终只深埋在我心里，无法倾泻而出。何曾想到，痛苦也如同天赋一样神秘莫测。

　　让我们回到那块小球场吧，夜就要深了。小伙伴刚和我告别，他妈妈在等他回家，也许已经有点担心了。虽然在这个名叫圣文德米亚诺的萨空的小村子里，每个人都互相认识，深夜的街头也没有什么危险。爸爸骑着摩托车买回了比萨饼，这样能省掉餐馆里的座位费①和买饮料的钱，而且全家人一起在家里吃饭多美好啊。很快他们就会来叫我回家，这一天就要结束了。但是别着急，我还有一点自在时光呢。我躺倒在地上，凝望天空，怀抱足球。

它就是我的生命。

---

① 意大利餐馆里堂食会按人头收取座位费，外卖则不用。

目录
CONTENTS

第一章　天赋

　　不确定从何时起，我从亚历山德罗成了德尔·皮耶罗，也许在某种程度上原本已是如此。我想我们每个人都会成为已然所是的自我，但这需要努力和很多的运气。倘若一切都自动完成，那这世上只会有造好的完人了，可惜事实不会如此。

　　我觉得天赋实在是太神秘了，它是一种你能拥有却无法具体描述的东西。当回顾童年，我意识到自己一直都能进很多球，但我觉得这点并不是最重要的。我的训练从一只网球开始，在圣文德米亚诺的萨空小镇上家中的车库里，我尝试着用它去踢中电源开关。那辆奶黄色的菲亚特127被爸爸挪到了车库外面，这样我就能有更多空间。日复一日就这么度过：我，网球和开关。或许这就意味着我在锻炼自己的天赋，好让它能突显出来。但也可能并非如此，说不定天赋根本不能锻炼，兴许秘诀是让它保持纯净，要好好保护以便让它自己"萌发"。

　　除了车库还有客厅。我们家有间大房间，是拆掉一堵墙后得到的：对那时的我来说，这真是个巨大无比的空间。我们在墙角摆了两座沙发，呈 L 形，房间中间放了地毯和一张桌子。人们给家里置办家具的时候总会多买一把椅子，放在角落里以备不时之需，比如家里来了客人或是亲戚朋友。我家多出来的那把椅子就放在长沙发的那边。我的游戏就是把海绵球踢进椅子下面像是球门一样的洞里。至少以前的椅子是做成这样的：解释一下的话，就是椅子腿下头有个空间，大约宽 40 厘米，高 20 厘米的样子。在我的想象中的球场里，这就是球门，还有完整的门柱和横梁呢。

游戏是这样进行的：地毯上有一些图案，我会把海绵球先放在最容易进球的位置上，也就是正对椅子球门的位置。地毯和椅子之间还有第二个沙发，正如我进球前必须突破的人墙。我想那正是我最初的任意球专项训练，还是有附加难度的：因为客厅的右边没有摆放椅子的位置，我总是得从另一边抬脚射门，也就是用左脚，或者是右脚外侧。我从来就不是个左撇子，但那个练习对我来说非常有用。每当我能射门成功，就会把海绵球在地毯上挪一个图案，更远一点儿更偏一些。总之就是从简简单单到越来越难，这正是挑战的滋味。

所以说，天赋也是驱使你每一次都去探求更复杂更神奇的魔力。这需要信心，或者该说是信仰。就如同你开车出门时坚信自己一定能在市中心找到停车位一样，你如此这般坚信了，所以最后也确确实实能做到。我父亲每天仅有的真正能休息的时刻就是晚饭后在沙发上躺一躺，而这时有个小男孩在客厅里来来回回地跑，把球往椅子底下踢，嘴里还像个电台解说一样不停地点评自己的动作，这的确会有点儿令他头疼。所以他就给我在车库里打造了那个有名的空间，我也把海绵球改成了网球：更硬一些、更适合脚的触感。在家里的房间内，网球是绝对禁用的，因为我很可能会踢坏些什么，大球更不用提了。于是车库里的网球就成了一个完美的妥协方案：一旦在那里学会了在狭窄空间里移动、击中小型的物体，那么到了宽阔空间踢起真球的时候就可以做得更好。事实也证明的确如此。

我儿时的天赋还体现在总是要跟球形的物体过不去。我喜欢过篮球，于是父亲剪掉涤尚①洗衣粉的桶底给我做了个篮筐。菲亚特127停在外面之后，小小的足球场地之外我还拥有了一个迷你篮球场。于是我还打起了篮球，然后试着用头球投篮。

如今我不禁自问：那已经是属于德尔·皮耶罗的天赋，或者只是一个叫作亚历山德罗的小男孩不间断的游戏？我没有答案，但回头来看，还是得说我的故事不可能不这么进展下去。我觉得这一切早就在写定在命运中。但是，我有多想要？我有多相信？像是那些射进椅子下的进球一样，我后来又通过付出努力获得了多少东西？

_____

① 涤尚：即 Dixan，汉高旗下洗衣粉品牌。

　　我认识无数的球员，但只有少数人能真正擅长这项运动。为什么呢？我可能并不是速度最快的球员，也可能不是技术最好的，也许不是最有头脑，也不是体格最好。但这些特质我每样都有一些，或许每项都能名列前茅，虽然不知道确切的排名。我所有的素质集合在一起塑造了我，而这——以其独有的方式——也可以被称作天赋。

　　人们都说一名真正的冠军总是又天才又有些脱线。在我理解的职业和运动的范畴内，我觉得自己作为竞技选手还属于正常的。不过我也不能否认自己射入了很多天才的进球，所以，也还是有那么点儿天赋属于我吧。

　　单靠天赋并不够，这一点毋庸置疑。当我在帕多瓦的少年队踢球时，所有人都在用艳羡的语气谈论一个来自威尼斯潟湖小岛的少年。人人都爱他。他必然是一位未来的冠军，没有人对此有疑问。然而，那位少年饱受思乡之情的折磨，恨不得训练两天，第三天就回家待着。然而，我们如何能忍心远离家乡那美妙的风景呢？球员也是微妙平衡的产物。我离家前往帕多瓦的时候只有 13 岁，却从没让思乡之情战胜我，我的头脑在此之前就踏上了旅途。如果不是后来足球踢得好，我也许真的会成为一名卡车司机：因为我的梦想就是去远方，去观看，去窥察。可以说天赋也跟人的个性，跟人可能拥有的弱点有关。

　　我踢着球度过了许多个冬天，要么在客厅，要么在车库，这取决于天气有多冷、夜晚有多黑。我绝不会放弃踢球的，但那时我个头很小，有些腼腆，有时候还很孤单。我加入的第一个真正的球队是校队，还记得第一次参加循环赛，在圣文德米亚诺的萨空，一共 7 个队，我们在决赛中点球输给了比我们年长的对手。我当时 8 岁。那可真是个帅气的队伍，大家穿着好看的黄蓝配色的球衣。我还在家里的某处藏着那场比赛的照片呢。那场决赛我上去罚了点球，球进了，但可惜并不足以让球队获胜。萨空是镇里最小的一个区，只有不到 500 名居民。而圣文德米亚诺总共有 6000 人左右。这里只有一所小学，校内没有什么空间，学生的活动都得在户外进行。中学的话，没错，那就要去圣文德米亚诺了。于是我进了新球队，这次的球衣是红白两色，与我的两位挚友——皮埃保罗和内尔索，他们后来成了我的证婚人——我们一起过得特别开心。

不幸的是，上学的第二天，我就迎面撞上了一辆汽车的保险杠。这是一次非常严重的自行车事故，它造成的伤口使我差不多一年不能在圣文德米亚诺踢球，因为当时那位医生特别谨慎。于是我只能回去与海绵球和网球做伴，很久之后才被允许重新踢球。那时的我们是一支强队，赢了很多次，当时我是队里的头号前锋。12 岁的时候父母带我去都灵队参加了试训；但是随后就不了了之了，因为都灵离家实在太远了，而我还得完成中学学业。在那个年代，对我父母来说，去帕多瓦就已经可以算是旅行了，而那才仅仅 80

公里，所以去皮埃蒙特①更是想都不要想了。但一年之后，初三结业的我去的恰是帕多瓦，我的冒险从那里开始了。

直到在帕多瓦的第二年，我开始意识到自己真的可以变得不一般：我总是进球。还记得一年后我第一次迈入一座真正的球场，阿皮亚尼，在 U17 青年联赛中对阵 AC 米兰：现场有 3000 名观众，我们赢了个 2：0，我包揽了两个进球。正是那一次，球场之中的我想着："太美妙了！"我不能断言那场比赛是否可以算是真正的足球，但我已经通过某种方式品尝到了其中的滋味。

天赋会成长、会增进，要受到呵护，也不会老去。马拉多纳的天赋永远都在：若要求他去踢任意球，哪怕到了 80 岁他也能将球射入球门上角。老去的是我们的身体，而不是水平。天赋是干净利落，饱含禅意，一如最棒的一箭射出后，最先被惊诧到的是射手本人。天赋是本能的兽性而非理性。踢中的那一脚，会把球送入球门的那一脚，刚刚踢出，你内心就会感觉到：假如能把我踢任意球的那一刻画面静止，我可以确切地讲出随后球的落点。如同一名冲浪选手进入最佳浪峰的那一刻：的确还有其他的机会，但只有这个，这才是正确的那一个，才是完美的那一点。

---

① 皮埃蒙特：作者的家乡在意大利东北部的威内托大区，都灵则是西北部皮埃蒙特大区的首府，相距四百多公里。

有时人们会问我某个球是怎么进的，比如多年前对阵佛罗伦萨的那场比赛，将我带入众人视线的那脚凌空抽射：呃，我不知道。你做出的那一刻，你自己并不知晓。有某种力量推动你去做出某个特定的动作。能确定的是，一旦你感受到了魔力，你必须去紧追它，否则你永远也掌控不了它。但这种追求首先要靠直觉来实现，而不是靠推理。父亲去世之后我发泄一样怒吼着攻入巴里球门的那个球，第一次在电视上回看的时候我被惊呆了。我本来很确定自己做了一个经典的跨步假动作，但事实上并没有，那是别的什么东西，超出了我能理性控制的范围。至于说在球门前能多有创意，哪怕你已经进了300多个球，你也无法将这些经历用于准备下一个进球：那只能是命运。你无法描述自己如何做出某个技术动作，同样也无法理解自己如何失误。就是这么简单地发生了。有时候，错误，也是一个谜。

天赋显然是美。纯然的美固然重要，但最好的射门是能进球的射门：哪怕很丑，哪怕有些脏，但只要是能进球一切都无所谓。生来与天赋相伴，就像是身边多了个苛刻的朋友，他在帮助你的同时也不停地对你提出要求。假如你有天赋，那你就必须展示它，永远如此。比如你这次达到了100①的程度，那所有人都会觉得下一次

---

① 意大利的考核一般采用110分制。

你就应该达到 102 或 103，而且通常最先这么认为的就是你自己。我们在这里谈到的是一种关于期待的微妙状态：必须要一直进球是一项最美的刑罚，我承认这一点，因为天赋是令人兴奋的存在，会让你闪闪发光。它也是一个平衡游戏，推动你去真正了解自己，了解自己的特质。

• • •

我很相信冥想的价值，相信运动员的精神力量，相信信仰。每个人都有自己的神明，尊崇他们是应当的，所有的神明都应当被尊重，包括那些古典传统里的，哪怕是现在正逼迫着我的时间之神柯罗诺斯：但这是每个人的命运。

运动中既可以去锻炼动作，也可以去锻炼思想。我读过一个介绍，关于在美国一家大学中所进行的实验。试验中指导两组学生进行投篮训练。第一组的准备工作是纯技巧性的，即一遍一遍不停地投篮；第二组则注重内视，即动作的心理层面。好，最终两组的投篮命中率的增长差不多一样。这就说明，对于运动员来说，头脑的重要性并不比手或者脚要低。

我觉得自己在球场外也是一个颇有创意的人，但只有时间才能证明我是否懂得在日常的生活中运用自己的天赋。我相信天赋无法被教授，但存在着一些专门的技巧来激发它。假如马拉多纳也曾专门受训过，他能不能以一己之力赢得三个世界杯？可能吧。那里奥·梅西可以变得比迭戈更伟大吗？或许。足球界总是在问：贝利还是马拉多纳？这些都是不存在绝对答案的问题，只不过这里提到的运动员都被天赋眷顾，而这些天赋可以被复制、被模仿。能够理解一个姿势、一个动作，来让自己有所提高，这也是一种天赋：有时你的老师没必要比你更棒，或是比你更有才华，他只需拥有你所不具备的，或是你无法表达的东西。因此，他便可以引导你。也正因为这一点，我尊重所有比我所知更多的人，哪怕在心底深处，我会默默培育自己去赶超他们的雄心。

第二章　激情

　　有时候我会停下来，如同自言自语般的对自己说："阿莱①，你要记得这是个游戏。"即是说，我知道在足球中、在我的职业内、在我的生活里，有着远远多过游戏的内容。但同时我也知道，足球本身，其实只是一场游戏。在这样的时刻，我需要停顿、需要抽离。而我抽离的方式是躺倒在草地上。

　　那几乎可以算是一个仪式，一种同遥远过去的联系。我仰躺在草地上，重回幼年时代。在特别悲伤或是特别幸福的时刻我都会有这种需求。因为从小时候起，这个姿势就陪我度过每一天。

　　于是我把脊背贴近地面，眼光投向天空，然后什么也不说，或者仅仅只言片语：重要的是这一刻，而不是那些语句。重要的是情绪。那种感受我永远没有忘记，每当我需要平和与清净，每当有必要按下"重启"键，我就会去心灵深处找寻它。就像是给内心来一

———————————

　　① 阿莱：亚历山德罗的昵称。

场淋浴，冲刷掉那些垃圾、那些冗余。在那些时刻，只剩下我和孩提时期的亚历山德罗·德尔·皮耶罗，这令我感到自在，而我俩是很好的同伴。

这个时刻有时出现在训练结束，我感觉疲劳想要放空时；有时也会出现在假期中，沙滩上，乡间的一块美丽草地，或是在那些我永远不会厌倦的散步的终点。我希望能永远如此，能享受安宁，与世界，也是与我自己和平共处：因为我们的内心深处才是一切开始的地方。像儿时那样，我躺下来凝望天空，像达·芬奇的维特鲁威人①一样舒展开双臂，两腿略略分开，大脑一片清明。悲伤时、幸福时、需要找回自我时，我都会感受到像儿时一样的情绪，并对自己说："好了，阿莱，这是个游戏，而且棒极了。"

在我小时候，人们并不会经常修剪圣文德米亚诺边上的那些草地，小球场也不可能像专业球场那么平整。而这恰恰增加了乐趣：躺倒在柔软的青草上，仿佛置身于厚实的毛毯中，满满的都是安全感。我喜欢再三品味和重温这种感受。我是个非常眷恋传统、倾心于昔日感受的人。为了了解今天所碰到的，我们需要知晓昨天发生了什么，而我们却惯于心急火燎只顾着尚未到来的明日，但谁又真能知道未来会怎样呢。

---

① 维特鲁威人：达芬奇的名作之一，也被用作意大利一欧元硬币的背面图案。

　　回忆那些久远的欢欣有助于滋养眼前的快乐，让它们品味起来更加美好。人生需要放缓脚步。我在整个人生中和整个职业生涯里都在追求跑得更快更远之后，才明白了这一点。我不只是在讲足球，这很明显：足球中不可能停止奔跑，否则那就糟糕了。我指的更多的是那些日常。早些年，我恨不得在一个下午塞上5个约会，想要去遵守每一个约定，结果却可能只是流于应付。而现在的我可能会删掉两个，去尽力投入剩下的3个，去更为负责地落实下来。我所学到的是：想要生活得好，必须知道如何慢下来。生活是激情，工作也是激情。我觉得人生所能碰到的最大的幸运之一，就是从事一个能与自己一路相伴到底的职业。而我自认为在这一点上是备受上天眷顾的。我实现了儿时的所有梦想：踢了足球、进了尤文图斯、赢得了一切、捧起了世界杯。我喜欢大笑、玩闹，我喜欢嬉戏。而足球，正是一场游戏。

· · ·

　　我爱青草的芬芳。其实我没有试图显得多么富有诗意，事实是，青草真的拥有如此迷人的香气：不管是从贵宾席还是从球迷区，都不可能闻得到。除非是身处英格兰的球场，那里品味的是纯粹的足球，因此那种香气还在。那里的球迷会为自己刚刚失利，甚至刚刚降级的球队鼓掌，只要球员拼尽了全力，只要球队点燃了热情。那里的人们既会为中锋的凌空抽射而欢呼，也会因后卫的精彩回防而兴奋，甚至后者可能还更多。

足球，对我来说既是精神层面也是身体层面，我的身体时刻活在其中。一段时间以来，躺在地上凝望天空这个动作，我开始经常跟我的孩子们一起做。小孩子总是喜欢模仿成年人，所以当我像特雷维索纸牌中棒牌二①那样摊下去时，他们也会在我身边躺下来。我们就这么躺着，一动不动，聚精会神，在那可能只持续三四秒的时间里——因为紧接着我们会在草地上打滚——仿佛像是带着自己的孩子一起回到了我的儿时。这种感觉真是太美了。我们几乎不说话，有时候会赞叹一下天空的蔚蓝和辽阔。事实上，我几乎不在意他们当时在想什么，我只是想要构建一个回忆，跟他们分享。我很希望哪怕在 20 年后，这一时刻还能留在他们的生活中，它能够被重建，而不仅仅是被回顾。正如我自己在特别悲伤、特别喜悦，或是被现实打败的时候所做的那样。

我的过去和现在处在踢球、娱乐和激情之中。如今的我扪心自问："阿莱，那你现在正为谁写这本书呢？"我的回答是给我的孩

---

① 棒牌二：意大利纸牌游戏的一种，多见于威内托大区，牌面不同于一般扑克的梅花方块等花色，而是分为剑币棒杯四种。棒二即为棒形花色的 2，图案为竖着分开的两个棍棒。

子们，同时也是给那些在他人经历中看到自己的人们。不管是否是名人，他人的故事都可以帮助到我们，也许能令我们变得更好。而这，正是我心中所信。我作为球员的故事每个人都知道，但我这个人真正如何，可能大家并不了解。生活并不是日复一日的堆叠。我认识这样的一些人，他们拥有了一切，至少理论上是这样，但并没有得到满足；我也认识另一些人，哪怕面临千辛万苦，他们依然会努力给生活的每一刻赋以意义。

● ● ●

足球是激情，是梦想。我 13 岁就离开了家，当时的我完全还是个孩子。我去的是帕多瓦的少年队，住在类似于寄宿学校的地方。那儿有巨大的宿舍，不过我很幸运地拥有只属于自己的小房间：我就是在那里成长起来，伴随着梦中的孤独，从 13 岁长到了 18 岁。我还能完整地记起那个房间的样子，仿佛仍然身处其中。房间又长又窄，有一个衣柜，尽头处有一扇小窗，如果要想往外看，我得站在窗下踮起脚尖才行。当然我也清楚地记得去帕多瓦之前家中的小房间。夜晚是我睁开眼睛放飞梦想的最好时刻，一天过去，在学校里连着上 6 个小时的课，午餐是一块果酱馅饼配上鲜榨橙汁，然后训练到傍晚，再回到寄宿学校吃晚饭、做作业。当这一切结束之后，筋疲力尽却幸福满满的我，开始了想象中的游戏。我很幸运，因为那个年代的我还没有移动电话，也没有掌上游戏机。当然啦，如果当时这些东西已经面世的话，我肯定也会想要拥有的。总之我的梦不会被任何东西打扰，可以让它飞得很高、非常高。我梦想着胜利，还梦想着穿上尤文战袍，早在博尼佩尔蒂 ① 把我带到都灵之前就这么想了。自然，我还梦想过耀眼的世界杯金杯、梦想过在大街上被认出来、有好多好多的球迷，也想能够一直踢球到永远。

现在回想起那些时刻，我会说这一定是命运，一定是某种强烈的召唤。因为我在 13 岁的时候，就已经像是在电光石火间经历了未来的生活。那不仅仅是向往：我是真的坚信那一切都会顺理成章地如此发生。或许那是一个小小少年的天真念头，但后来的事实证明了我当时所想的并没有错。我甚至不记得那时的自己有哪一天愁云惨淡，或是怀疑自我。这令我自己都感到惊讶，因为小时候的我很情绪化，很害羞：因此我所做到的那些简直就是不可思议。我还记得离家那天妈妈脸上的泪水，和送我去帕多瓦的爸爸的手。第一次是他陪我去的，之后则都是我自己坐车。那时的我一点都不害怕，那段经历如此特别，以至于对我来说像是某种游戏和奖励，仿

---

① 博尼佩尔蒂：尤文图斯前主席。

佛我是被召唤去某段行程，只要走到尽头就会得到梦想成真的大礼。记忆中仍会被唤醒的感受不是紧张，而是好奇。这也有点算是我一生的命数，因为我就是个非常有好奇心的人，对一切都心存好奇。我想除此之外没有其他方式可以让我去学习、去理解、去提高自我了。

当然，激情也要去面对失望，去面对任何人都得去直视的艰难时刻，这并不是只有竞技运动员才需要面对的问题。我无法否认，我在尤文图斯的最后一个赛季非常的难以表述：在为之效力 20 年后，我几乎总是坐在板凳席上看着别人上场，这很难。在那种时刻，游戏的快感可能会被沮丧所遮蔽，这是人性使然。我们可以明确地说：没有一个球员会认为自己应该被弃用。我们中的每个人都觉得自己应该上场，想要上场。你所具有的经验和常识会分析情势，别自负，也别去草率地评判：假如一名队友踢得很好，经常有进球，总之状态正佳，那让他上场或是给他机会，自然是正确的决定。但这并不意味着你就不需要去努力重夺首发的位置。有点像是小狗去咬自己尾巴的恶性循环：如果你周日没有上场，就会丢掉所谓的比赛节奏，而一旦你无法进入比赛节奏，教练就很难再安排你上场。如何摆脱这个怪圈？去积极地面对，保持内心的坚强，比别人更多地进行训练。以及绝不要忘记，队友永远都是队友，无论如何也不会是你的对手，哪怕首发的球衣只有 11 件。一名队长不能忘掉自己的职责，不能忘掉自己所代表的是什么。

有时，的确很难面对只能在比赛最后 15 分钟上场的处境，那还是包括了伤停补时的 15 分钟。与其沉浸于愤怒，我会驱使自己去分析这一刻钟，把它作为重新开始的起点。运动给予的教诲在于让我们永远都要拼尽全力，不管是只给你一分钟，还是给你的时间无穷无尽。感谢老天，我的职业生涯已经非常长久，也并不会就此结束。上场和进球的时间以前没有缺少过，以后也不会。无论如何，我可以说在斑马军团这最后这一段职业生涯，尽管短暂，却教会了我很多东西，并让我了解了我自己。它证实了我的自尊和以往就有、以后仍会保持的对自我的正面评价。当一个球员总是被排除在阵容外，他就有失去自信的风险，会拿别人的眼光来审视自我，会认为自己成了最差的球员。这种时刻，反而需要继续清晰观察，对自己有着正确的评价，而不是去苛责自己。我不是教练或者主席所认为的那个人，而是我所展现出的那个人，是我自己所认为的那个人。一旦到了该放弃的时刻，我会是第一个知道的、明白的：现在那个时刻还远没有到来。我不是什么圣人，但我也不认为自己爱招惹麻烦：我更倾向于要么去沟通、去讨论，要么干脆带着怒意离开。我生来就是为了尝试让每天都变得更好一点，为了了解我周围的世界，知晓事物发生的缘由。虽然不是总能成功做到，但我一直在尝试。

• • •

　　很久以来我像个疯子一样享受踢球的乐趣。有时候我会问自己是不是仍然喜欢足球，每次的答案自然都是"是"。我像第一天那样喜欢，哪怕这条路上并不全是鲜花与掌声，我也曾啃过冷硬的面包，经历过失利、忍受过伤病、有过沮丧、有过怀疑。想要永远行进在正确的轨道上并不是件容易的事，连续二十次被换下场或是接连坐十场替补席之后要保证情绪不爆发出来也很难。而即便在那种时刻，我也咬紧牙关，遵循了自己的天性：耐心和时间证明我这样做是对的。有时候我会想起当年在奥林匹克球场对阵罗马时射丢的那个点球，一脚糟到不能再糟糕的射门。当时我们的主教练是拉涅利，那是一段混乱的日子，我的续约谈判进展艰难，我对前景并不乐观。而一名竞技运动员，想要处于最佳状态就得头脑清醒，尽管有时克服困难可能只需要一场抢眼的表现或是一个精彩的进球。我不知道怎么会这样，那次射门就那么简单地发生了，这也许是运动的神秘之处吧。顺便说一句，我一向觉得自己完全不可能把点球踢飞的，那是这个世界上不存在的事。但如果真地发生了，那就意味着存在着别的因素，有别的原因需要去解决。

　　是的，我依然乐在其中。我拥有很多优势，其中包括可以和自己的私人体能教练——乔瓦尼·博诺克莱一起训练。他和罗伯特·皮加一起分析计划每一个细节，研究最为现代的方法，做着各种数据记录。因此，我的训练方式是为我量身定制的。但这还不够：体力之外还需要渴望、斗志、激情、争斗心和幸福感，因为一名悲伤的选手在起步的时候就输了，我想这也适用于生活中的每一项行动。家庭和人际关系很重要，但第一驱动力始终是你自己。

因此，工作是激情，也是命运：我坚信这一点。在尤文图斯第一年的最后阶段，我几乎确定要被租借到帕尔马了。当时我已经跟坦济主席见过面，总之一切似乎都确认下来了。然而帕尔马最终买下了迪诺·巴乔，我的转会因此不了了之。教练里皮表示这个小伙子可以作为第四前锋，那就是我，故事就这么开始了。而如果当年我穿上了另一件球衣，一切都将成为另一个故事。

命运会以很多种方式敲响你的门，它也会显得残酷。但有时，随着时间的推移你会明白这种残酷是必需的，甚至会给你带来好处。比如 1998 年 11 月 8 日在乌迪内的那次可怕的伤病。那之前的 5 年，从维亚雷焦杯到洲际杯，我一直踩足了油门，赢得了所有。而同时我也遭受了不少痛苦：丢掉的冠军杯决赛、兴奋剂的阴影、法国世界杯的失落。那不正是我真正需要抽离出来的一刻吗？或许正是我的身体在期待一个休整。复出的过程很漫长，我明白这一点，但我想正是那次被迫的休整，延长了我的运动生涯，让我在作为普通人和球员的两方面都有所提高。人在病弱时，会了解很多从前自身边溜走的东西，不会再认为自己无懈可击。对运动员来说，这时有发生。当你慢下脚步，你会更能体味丝丝细微之处，学会倾听你的身体和你的思维。然后，如同新生，你将重新开始，从头再来。

第三章　友谊

　　一位真正的朋友既珍贵又容易失去。有时，那是陪伴我们度过童年或者少年时光的人：从小跟我们一起玩耍的伙伴。我们将其视为朋友中的朋友，而事实也可能正是如此。我也同样不会逃脱这个规律，最真挚的友谊正是在家乡时所建立的。皮耶尔保罗和内尔森，他们和我分享一切，从喜爱幻想的幼年，到后来一些梦想慢慢成真。他们是我的证婚人，我们之间只需一个眼神就能领会彼此的心意，或者只需要半句话，通常还是威内托方言：我们之间从没有讲过标准意大利语，这对今天的孩子们来说可能难以理解。方言是一种特殊的黏合剂，它把人和地紧紧地粘连在一起。人的根基至关重要，我深觉自己与家乡的传统密切相连，而方言正是这其中的一部分。或许我应该称之为语言——威内托语，就如同存在托斯卡纳语、普利亚语、皮埃蒙特语一样：这是意大利的伟大财富，却往往会被我们忽视。

　　友谊源自脾胃相投，特别是在其刚开始的时候，小时候。一起因同样的傻话而开怀大笑，一起分享相似的体验。最关键的时期在 10 岁到 18 岁，那时候才会真正成为一生的好兄弟①。我虽然因为足球早早就离开了家，跟朋友们之间的情况也有些与众不同，但我并没有失去他们。每当回到家乡，哪怕好几周没见面，我们也会像 5 分钟前刚刚聊过天一样。一切都会重新鲜活起来，而我确信这永不会改变。我们都热爱简单的事物，在我们的友谊中，有着世界杯决赛时那些超级球员之间都比不上的默契。哪怕一年只见上 5 次面，他们一直都在，而我对他们来说也一直在。

不过童年时代的朋友，并不是我们唯一可以拥有的朋友。他们可能是最为特别的，但生活教会了我，有时候会出现未曾期许过的馈赠，会在不经意时发现珍贵的友谊。一名竞技运动员，和其他任何人一样，会经历困难的时刻，会深陷于个人的危机，会在不知不觉间变得伤感。可能因为预期的结果未至、身体状态回不来、伤病之后体能无法恢复，或者是不受教练关注。有时候，据我所知，还可能是因为个人问题和事业纠缠在了一起，让事情变得更加复杂。显然，所有这些都很正常。有谁不会偶尔心情低落呢？是的，我就记得职业生涯中有段时间自己的感受恰恰就是如此。

---

① 好兄弟：此处原文 complici 是个贬义词，有帮凶、同伙的意思。用在这里有种一起打过架一起喝过酒的过命兄弟感。

　　那是都灵的一个夜晚，在当时尤文图斯赛前集训下榻的旅馆里：卡尔洛·阿尔贝托大街上的西泰亚大酒店。回到房间时，保罗·蒙特罗走近了我。他是一名杰出的球员，斑马军团历史上最好的后卫之一。我当然没必要讲述保罗的特点，那都清楚地写在足球史中，看在所有人的眼里。我和蒙特罗当时并不算有多亲密，从没有共进过晚餐，也并不曾对彼此推心置腹，只是保持了普通同事之间的正常关系而已，场上互相激励、彼此合作，但除此之外也没什么了。那一晚，保罗走上前，对我说："阿莱，你究竟在搞什么鬼？我不想看你老是绷着一张脸，你咋了？" 真的，他当时说的都不是 "什么鬼" 这个词 ①。我看着他，完全不知道该如何回答，只能嘴唇翕动说些胡话。他让我大吃了一惊，就像是对手球员抢先断了我的球一样。保罗继续不依不饶："不管你有什么问题，自己解决掉。你没发现跟我们一起训练的那些小伙子们在用什么眼神看你吗？一名郁闷的冠军球员会让他们接收到什么样的信息？"

　　那是我膝盖重伤之后的 1999—2000 赛季，几乎没有一件事顺心如意。我当时身心俱疲，始终无法找回自我。通常来说，我还挺喜欢跟别人在一起，我好奇心强，对人际关系也很看重。但与此同时，我也相当地喜欢独来独往，并不轻易交付信任。我曾是一名

———————

　　① 此处暗指蒙特罗当时用词更为粗鲁。

腼腆的少年，人们都该记住这一点：我们儿时的印记会永远留在我们的内心。在我的职业生涯中，曾有过很多出色的队友，他们对我帮助良多。但我从未想过会是蒙特罗来挑开这种话题，来扯掉附在我身上的忧郁。我的的确确正需要这个，而保罗感受到了。很显然，他已经观察了我很长一段时间，觉察到了我身上可能自己都没意识到的阴影。这，在我看来，就叫作爱。因为感情就像友谊一样，并不取决于夸张的手势、高调的声明和华而不实的言语。不，这些都只能交由事实来说话。友谊不仅仅只是跟挚友之间的纽带，那会一世长存；友谊还可以是不期而至的援手、不花分文的慷慨，也因此，而显得愈发珍贵。

那场对话之后的第二天，在更衣室内，我追逐着保罗的眼神，而他也在寻找我的。那一刻，一切尽在不言中：我明白自己需要振作。这得由我自己独立完成，要去正视我的心魔。每个人的前进都伴随着各自的心魔：回忆、恐惧，或大或小的秘密。这需要我们拿出勇气来与之达成协议，也就是进行某种自省。如今，我不知道那时的自己是否已经成功地驱逐了恐惧，但能肯定的是，我有尝试去重新面带笑容，我有尝试去遏制问题的发生，从敢于分析它们入手。假如我们镇静地、一个接一个地去面对问题，就可以把它们解决掉，或者至少能把它们放到台前，这正意味着我们迈开了通向解决之道的第一步：的确，秘诀就在于聚焦于解决方案，而不是沉浸于问题本身。

友谊当中，有时会需要一声振聋发聩的粗话，有时候则需要微笑。真正的朋友会在需要的时刻猛拽你一把。那一晚，保罗·蒙特罗的"双脚飞铲①"像是虚空中突然出现的彗星，如一道强光穿透我内心的阴影。

一名球员也可能会非常孤单，有些人甚至会陷入抑郁。已经有过这样的例子，有些结局甚至非常糟糕。我还记得那位可怜的德国门将②，在几年前亲手结束了自己的生命。人们总是很难理解，总觉得有名的运动员就一定没有任何弱点，但事实并非如此。足球世界是一个美丽却又怪异的世界，像是遥远星系中的一颗行星，那里充满着对抗、特权与陷阱。这颗星球同时也被另一群怪人包围着，他们只在意如何榨取球员的价值，并不把球员当作人类看待。有时完全不正常的情况就会出现。这也是为什么真正的、无私的友谊越来越难获得。作为朋友，喜欢的应是作为亚历山德罗的我，而不是作为德尔·皮耶罗的我。很可惜，这并不容易。友谊并不会以几何级数递增：你认识成千上万个人，并不意味着你就能拥有更多的朋友。我觉得，在人与人的关系中，提高自我的意愿起着决定性作

---

① 双脚飞铲为可吃红牌的犯规动作，此处意指蒙特罗的棒喝直截了当。
② 指2009年因抑郁症卧轨自杀的德国球员罗伯特·恩克。

用，真正的朋友也为此而生。同时，还需要谦逊、需要倾听。那一晚，蒙特罗慷慨施援，而我也懂得去听取。假如我当时紧锁心门只关注自己的问题，那他的举动就不会有任何作用，甚至我还有可能会不理解，或者发怒生气。这家伙究竟想从我这里得到什么？他就不能只管自己的事吗？就这样，类似的疑问会永远消灭掉任何成长的可能性。那一段时期，其实还有很多其他人试图帮助我，或许是以别的方式，而我当时可能并没有如此敞开心扉。

· · ·

我非常相信倾听的力量，毕竟我是一个好奇的人。深陷于内心、像在保险箱里一样把自己层层保护起来，是一件很糟糕的事。我不认为自己是世界上最坦诚的人，但我懂得没有人可以单凭自己提高成长。生活教会了我——有时候以一种残酷的方式——需要重新衡量价值尺度。足球中一直会这样：一旦你从失利中吸取了教训、从弱点中获得了提高、从错误中学到了东西，那么你就会变得更好：重点在于不要试图给自己找借口，而是要从外界因素之外寻求成长的方式。特别是要有勇气讲出来：我错了。

感谢友谊让我们得以成长，但也要记得感谢痛楚。我不想做太多哲学上的释义，但生与死恰是代表着变化的两极。当你为人父母，当你永失亲人，那都是转折的时刻。对我来说，转折点发生在我父亲过世和我的孩子们诞生的时刻：那足以削平珠穆朗玛峰的山尖，足以将原本挡在我身前的问题大山夷为平地。初为人父时，痛失己父时，都是生命中的转折点。那时候你可以真正放声大哭，为喜悦、为伤悲，你可以允许自己悲痛或是幸福，像从未有过的那样。蒙特罗说的对：为无关紧要的事情而拉长面孔是毫无意义的。我们不应该如此，因为人类本身比其弱点要重要得多，我们拥有着连自己都无法想象的力量。

友谊不会焦急，它很有耐心，也懂得等待。我曾说过，时间的流逝教给我平静的力量。我越来越愿意奖励自己一次乡间的漫步：那是完美一刻。我再次与自己和平相处，环顾四周，做上几个惬意的深呼吸。可能是因为我出生在乡间，但我真的不觉得还有什么比这更好的地方，来让我直视内心，寻求意义。乡间的一次漫步，不必急匆匆、没有目的地。这也是用来反省的一次停顿，用来品味当下的一种方式。我的职业一直是一场奔跑，而且总是越跑越快。现在，非常幸运地，我学会了慢下来一点点。

当然，为了变得清醒，我们需要安宁。场上也是如此：有时候你会错失进球良机，就只是因为不够冷静。我觉得能够由外向内地审视自我非常重要，尤其是在困难时刻：就像是给别人拍张照片，只不过那个别人就是你自己。抽身而出的能力对于回归自我至关重

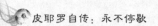

要：听起来有点矛盾，但就是如此。我从德尔·皮耶罗的身份中离开，以便更好地理解德尔·皮耶罗，从而能够帮助他。

· · ·

我会问自己，如果存在一支全部由朋友组成的球队，这会不会是支最强的队伍？我不知道。或者该说，我知道一群朋友能够形成更好的集体，队伍也因此更为团结。但是，我不确定这是不是一支好球队所不可或缺的条件。我们可以讲，如果队友之间存在友谊，而且相当普遍并且真诚，那样当然更好。然而一支具有职业精神、专业技术、身心强悍的球队，哪怕不一起出去共进晚餐，也一样可以赢球。人们对我说，看看当年特拉帕托尼的尤文图斯，那可不是让球员勾肩搭背、表现伙伴情深的地方。但是，该死的，他们那时多强啊！这令人无法反驳，而且，与人交往中最重要的永远是真诚，我指的不是礼貌或者良好的教养：真正的友谊是实打实的，不是姿态上的形式主义。

一支球队的动态平衡是非常复杂的机制，哪怕是反作用力，也要找到正确的平衡点，来向同一方向推进。团队精神会产生对牺牲、对忠诚、对精神力的感恩，而这些价值没有一个在狭义上代表着友谊。倘若还有朋友在，事情会变得更容易。然而，更容易，并不意味着自动自发。

我在很多支不同的尤文图斯踢过球，经历过那些截然不同的时期，情势各异的赛季。每一次我们询问自己是否还可以做得更好、贡献更多：答案几乎总是"是"。因为在斑马军团，对完美主义的追求是必需的，得向着更高的水平看齐，得把油门踩到底。一支球队的最终产物，是很多不同因素的集合体。友谊，只是其中的一个选项。正如在人生之中，它也不会应强求而来。

在这多年的足球生涯中，我自然也拥有了很多真朋友。把朋友强行分类是毫无必要的，友谊弥足珍贵，不能去刻意损害它。我最亲密的一个朋友是国际米兰的球迷，另一个则几乎完全不关心足球：看似不可思议，但没有足球，人们同样可以生活。

有时候我会问自己，作为一个不再是小孩子的我，如何去辨别一个人是否能成为新朋友呢。毕竟童年时的一切都很容易，你会自然而然地感受到友谊的诞生。对我来说，重要的是那些通过姿势、身体动作和眼神所传递的信息。我可以说真正的朋友能令你"感受得到"，能令你直视他的眼睛。然后，当然了，要用事实来说话。友谊靠的不是言辞华美，而要看行为举止，要看为人处世。

第四章　坚持

在尤文图斯的最后一年是我职业生涯中最艰难的赛季，我被迫面对一个自己从未了解过的现实：很少或是彻底不能上场。当你曾拥有过一个帝国，如今却只能在自己的小小领地上艰难地耕耘。这并不容易，需要懂得去质疑。

我觉得意志力是属于那种可以令生命有所不同的品质，它能令我们坚持下去，克服困难。当然还存在着许多更为严重的问题和伤痛，不只是从板凳席上看着队友比赛那么简单。但所有的一切，运动之中或是运动之外，最终都会成为盘旋在脑海中的一个问题。有时候自我贬低的想法占了上风，于是很容易沉浸于悲伤。这种时刻，就要问问自己，你是谁、你从哪里来，梳理一下你的家庭故事，把你的焦虑跟你父亲曾有的焦虑做个对比，想想当年他是如何为了子女像骡子一样辛苦工作……所有这些，会帮助你重新找回自我。你成长的经历诠释了你为何会是如今的模样，邀请你更进一步，而不是后退。

在我身为球员的经历中，也有过停顿的时刻。伤病来袭，或者有时是教练的选择。我也曾被替换下场。这是谁的过错？我的想法是非常实际的：假如别人取代了你的位置，那就说明这是他们应得的。也许事实并非如此，但我会这么相信，心情自然也随之低落。当然，比赛中途被换下还是要比不能首发上场要好得多。你会质问自己，这没问题；但当你开始自我怀疑，那就意味着危险。因为这也许会导致你失去自信心。

作为一名运动员必须是骄傲的，我就是如此，相当骄傲。自爱是一种我非常熟悉的情感，它一直在帮助我。要自爱、自尊、有自知之明，还可以有点健康的、不会伤人的小自私。没有人可以在内心轻描淡写地把位置让给他人，没有人会真的认为自己就比别人差。如果你真这么信了，那你在起步时就已经输了，竞技体育就不是你应当涉足的行当。我指的是，职业竞技。但这并不意味着没办法判断形势：假如教练选择了别人，假如他对别人比对你更有信心，这就是一个事实。那么你就应当更加努力地训练，应当一天比一天付出得更多。没有选择：真正的运动员永远都应当全力以赴，在每一次的训练里，而不仅仅是在赛场上。问题可能出在你知道自己已经真的做得很好，已经尽力而为，然而教练还是不选择你。那么，这时候就需要找到更多坚持的动力。你要严肃地对自己说："阿莱，醒醒！"这样才会重新开始攀升，哪怕只前进小小的几毫米。这都是通向那神奇的一日所必经的路程，通向你心心念念、比其他一切都更渴望得到的目标。

因为那神奇的一日终会到来，那是命运里已经写定的。我说过，我坚信这一点，哪怕我们每一天都在重新书写命运。倒一下带，你会发现不可能有所不同。比如，想想我在意大利杯对阵罗马时的进球，那是我在尤文新球场的第一个进球。我曾全心全意地期盼它，但是它一直不肯降临，像是完全不愿理会我的渴求。那段时间，就连最简单的射门我也会出错，仍然只有每场几分钟的上场时间。直到最后，我职业生涯的脚本策划出了足以竞逐最佳电影奖的剧情，甚至比我所能梦想到的更为完美。什么都不缺：关键的比赛、重要的对手、直接淘汰的赛制、和弗朗切斯科·托蒂这样的伟大队长拥抱、还是阿涅利律师①的忌日，他可一直是非常在意足球之美的啊。有了这些有了这些背景，接下来，自然而然地，这一刻就来了。人们把那一壮举称为德尔·皮耶罗式的进球，因为这种类型的球我进过很多。我必须承认，那晚对阵罗马的射门，真是美妙极了。一道完美的弧线，皮球直挂球门死角，强力又精准，无可挑剔。

如今再来谈论那个进球，似乎理所当然应该归功于我懂得坚

---

① 尤文图斯前主席贾尼·阿涅利，即老阿涅利，外号"律师"，2003 年 1 月 24 日去世。

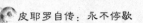

持、懂得不让自己失望、懂得全力以赴地训练，永远让自己做好最佳准备。这样的推理简单到近乎直白，可事实就是如此。这是非常有禅意的东西，就像那关于著名的完美一箭的禅意故事，羽箭离弦的那一刻，最先震慑到的是射手本人。我自己就经常这样，当回顾某个进球时，我会意识到射门时完全没有留意的东西。对阵罗马的比赛，我以为自己在射门之前只触球了一次，其实却是两下。我在头脑中回放整个过程，传球给博列洛、卡亚尔和塔代伊人墙挡回、皮球到了我面前，我甚至没有看向球门，那根本没有必要。接下来好似时间陷入了真空，万物悬浮于其中。我什么都不再记得，像是以自动驾驶的方式完成了一次飞行。

• • •

坚持的能力关乎肉体与灵魂、肌肉和大脑。说到底，我们通过大脑来掌控一切，毕竟它直接从心灵汲取养分。大脑可以说是我们所拥有的最重要的器官了，尽管它并不是我们的发动机。我甚至在想，当大脑疲惫黯淡时，身体是否会向其提出休战。最为严重的伤病，通常是发生在精神最为脆弱的时刻。1998 年 11 月 8 号我在乌迪内撞碎膝盖时，身心正需要一段长长的休养期。我清楚地记得那段时间：就像是 3 名重量级世界拳王气急了，一个接一个地，轮流向我饱以老拳。首先是冠军杯决赛输给了皇家马德里，那场我还受了伤：泰森的一记勾拳；然后是法国世界杯，错失前面两场，赢了八分之一决赛却在四分之一决赛中被淘汰：乔·弗雷泽的一记重拳；最后是那年夏天尤文图斯的禁药风波：福尔曼[①]的乱拳。接下来还有其他的伤痛，接二连三出现新的失望。乌迪内的受伤、漫长的复健、艰难的恢复、在佩鲁贾的倾盆大雨中丢掉的那个联赛冠军，最后是2000年的欧洲杯，在最后一秒功亏一篑。我没能终结和法国人之间的挑战，错失了两个关键球，我觉得自己比其他人都更要为之负责。然而，要有耐心，就像是1950年乌拉圭在马拉卡纳球场对阵巴西的那场载入史册的世界杯决赛上半场结束时0∶1落后，最后却以2∶1赢得了雷米特杯。

那一刻，就像是穆罕默德·阿里也开始加入了对我的屠戮，谁会愿意对上有史以来最为伟大的拳王呢？我只能缩在角落、举起护具、等待对手的狂轰滥炸告一段落。然而，如果等上一段时间——可能会需要很久很久——等到头脑清醒时再来回顾，那么你就会明白，即便是那些重击也都是有用的，甚至是可贵的。你所遭遇的没有什么在逻辑之外，没有什么会偏离你的成长轨道，这场旅途中身体和心理的痛楚并不会缺席。不经磨砺，无以提高。我很确定，在

---

① 与前文的泰森、乔·弗雷泽均为世界著名重量级拳王。

乌迪内受伤之后重生的德尔·皮耶罗，变得比以前更好，哪怕之前的德尔·皮耶罗赢得了一切，曾觉得自己不止无与伦比，还无懈可击。

运动员的身体会明白什么时候有危险，哪怕并不总是会重视这个信号。既然头脑发出了明确的指令，这些信号就得被诠释。职业生涯中总会有一些时刻，一些特殊的比赛，让你以诡异的方式参与其中。可能你过于疲惫、过于紧张，或者没办法将个人问题与工作完全分开，所有这些都让你更容易受到创伤、更容易肌肉受损。这种情况很难甚至不可能用科学来解释，但我的经验告诉我，就是如此。我知道有些球员会在赛前受伤，刚巧要面对的就是自己的老东家或是有些旧账未清的对手。我相信这是命运，而不是偶然。

而那些幸运的时期，在你的身体更为轻松的时刻，并非就能对风险完全免疫了。我理解到这一点，正是在最近这个疯狂至极的赛季。我的上场时间支离破碎，没有连贯性，我的身体一直处于紧张状态却得不到释放。而且要把 37 岁的竞技状态调整到最好，比你只有 20 岁时复杂太多了。我指的并不是单纯的体能，其实这方面的差距并没有想象中那么明显。我有自己的体能教练，有只为我服务的团队，所以每一天都能把训练量校准到分毫不差。如果说有什么真正的疲惫，那还是精神上的。你的大脑会比你的双腿更能感受到你的年龄。我们的头脑是一台神秘玄妙的仪器，一个伟大的盟友，也可以是一个潜在的敌人。我们必须去学习了解它，才能让它以正确的方式被开启。

一切都诞生于脑内。我们是从头脑开始衰老的，而不是从身体。随着时间的流逝我们越来越容易伤感、越来越少欢笑，这是事实。我们感受到责任的重担，感受到为家庭、子女操心而产生的压力。我来自一个环境单纯的家庭，父亲总是勤勤恳恳，哥哥会把穿不下的衣服留给我、我的表兄弟或是邻居家的孩子，在乡间就是这样，大家互相帮助。我常常想，我的父母把孩子们养育大是多么不容易啊，然后会对自己说，他们的教导不会就此结束。我还记得在家乡，每家每户都是自己盖房子，每天下班之后都还要再忙上两三个小时。人们彼此交换自己的技能：我的电工父亲会帮邻居安装电路，而这位邻居可能刚好是位泥瓦匠，可以帮父亲刷墙。在我看来，这真是最美妙的社会交往模式了。而随着时间过去，我也慢慢理解了父亲所做出的牺牲。当年我第一次开着自己的豪车回家——那是一辆只有两座的奔驰 SL，两座车对我们这样一个大家庭来说真是一个非常可笑的选择！——嗯，我还记得自己那一天有点儿不好意思。而我的父亲则非常骄傲，虽然什么都没有说，他本来也是个沉默寡言的人。他从车库里把自己的那辆老式菲亚特 127 开出来，把位置让给奔驰。我们的车库很小，他对我说要小心不要蹭花了油漆。那辆耗资不菲却根本不适合我们家的汽车，让我记住了自己是谁、从哪里来。

痛苦则属于很神秘的范畴，身体上的痛苦也是一样。我不记得自己的身体曾经受过像在乌迪内那天那么重的伤，有那么一瞬间，我以为自己的膝盖已经彻底断掉了，不需要再做诊断。当时比赛已经临近终场，齐达内传给我一记头球，我正准备去踢。防守我的对手正背着身，无意中刚好在我伸直踢球的那一刻绊上了我的腿。我当时的感觉像是十字韧带被押上了断头台，事实上我的关节出现了三处断裂：前交叉韧带、腓侧副韧带、前交叉韧带与后十字韧带的夹角处，还影响到了后十字韧带，幸好后者没有撕裂只是拉伤。这是一场彻底的灾难。唯一保住的是半月板，但它在膝盖里原本就是最容易修复的部位。剧痛至少持续了两个小时：两针肌肉注射的止疼剂几乎没起到任何作用。

我还记得第一次诊断，但正如之前提到的，我并不需要借助仪器就知道自己身上发生了什么。我去法国就诊、去美国做手术，开始用不同的眼光来看待这一现实。当时摆在我面前的是漫长的休养期：我不喜欢，但只能尽量让自己去珍惜它。或许我当时早就迫切地需要关掉开关，但这一点我到后来才意识到。我想，真的存在着两个亚历山德罗·德尔·皮耶罗：一个受伤前的，一个受伤后的。我要回到场上，更重要的是恢复成我自己，但这显得遥遥无期。这场伤病花费了我整整两个赛季。因为一旦回到场上踢球，我仿佛是某家自然公园、某个保护区。每一次触球、每一个对抗，都可能带来风险。我得一边小心翼翼，一边重新开始，不然我永远也别想回到以前的样子。那个时候，潜意识在拉扯着你，你会害怕再一次把自己弄得四分五裂。总之，要走出这个境地真是太难了。

这导致我不再能在运动战中进球，根本没有办法。那时我只有点球入账，这简直变成一个诅咒，一种真正的酷刑。破冰时刻出现在联赛倒数第二场，一记头球，这种射门方式原本并不是我所擅长的。这个进球仿若一道光，可惜持续时间太短，因为仅仅一个星期之后，佩鲁贾用一场豪雨等待着我们，而我们那可怜的联赛冠军就这样淹没在了瓢泼的大雨中。

一切都结束了？这就是打在脸上的最后一记勾拳了？才不是呢！欧洲杯还没开始，那场输给法国人的可怕决赛，"金球"绝杀，这个规则在不久之后就被取消了：可见那并不合理，但却足以让我们丢掉冠军头衔。当时我们1∶0领先，我有两次完美的机会可以锁定这场比赛：然而我把两个球都射丢了。如前所述，我承担了错误，全部的错误，包括那个不是我犯的错，尽管并不是一个好主意。然而当时的我凭直觉那样做了，我觉得那是对的，何况真的是太失望了，让一切的错误都归于我吧。而在那之前，我们的确可以说是踢得精彩绝伦。尤其是那场不可思议的半决赛，点球淘汰了荷兰队，我甚至去踢了中场。一切看上去都顺风顺水，接着，命运却向我证明了，它才是那个不可战胜的对手。经历了这样的一年之后，我只能离开，或者说逃离，只能走得远远的。我记得我在地图上选了最遥远荒凉的地方去度假，于是我们去了波利尼西亚。有时候，逃脱也可以是一种解决方案。

痛苦，包括源自失利的痛苦，总还有些正面意义。因为受伤、因为伤筋动骨，你就不能再无动于衷了。无论如何，这都是一个警醒，提起我们的注意，要我们给出明确的答复。你没办法从痛苦的后续中真正逃开。假期只能算是暂时休战，现在必须重回正常生活，尽可能地回来赢球。我问自己，我对痛苦的阈值是高、是低还是普通。从经验来看，我知道自己能迅速分辨出损害并能忍受它，同时也知道去抵御、去克服。我会承受痛苦但并不会放弃。从痛苦造成的影响上来看，我坚忍的能力并不高超，但我总能随即就找到正确的支撑点，使自己不投降。漫长的拉锯战后，赢的总是我。乌迪内那次受伤后漫长的恢复过程中是这样，那个充斥着失望和不满的赛季之后也是这样。重新回来的德尔·皮耶罗是一个全新的、不同版本的我，比之前的那个更为完整，虽然可能不再那么厚颜，会不够"轻松"：因为轻松，只能属于那些还未曾品尝过生活苦涩的少年人。

· · ·

我人生中最深切的悲痛就是失去了我的父亲。这伤口依旧未能愈合，我还没能够走出来。我尚未因他的离去而放声痛哭过，或许迟早我能做到。悲痛的长短也是个谜，多少有些像是创意和天赋。每当我想起父亲，他的样子总是宛然若生，我会再次看到我们两人独自面对面，彼此之间用沉默来交流，对我们来说那只是一个眼神的问题，可以相互理解得清清楚楚。有时候我们默然相拥，一个动作便胜过千言万语。

他并不知道自己已被病魔判了死刑，或者说，他可能已经知道但从没说出来，没有让爱他的人去疑惑。我觉得他不想让我们痛苦。医生建议我们向他隐瞒病情，以免造成他的心理负担。于是我们对父亲解释说病情有些严重，可能需要密集治疗。但我觉得，他早就明白了一切。

我非常非常想念他。家里的顶梁柱倒下之后，我无法尽享最近这几年的人生。而最大的痛楚在于没能让他见到自己的孙辈。他是那么地喜爱小孩子，就像他喜爱小动物那样。他是一个特别善良的人，那些最纯净的灵魂可以感受得到这一点。在我小时候，乡间有很多流浪狗，时不时就能碰上一条；有时候它们是危险的生物，冲人乱叫，还可能有传染病。然而，从没有任何一条狗对我父亲呲过牙。我想，凭他的善良和耐心，即便是一头熊也能被驯服吧，因为熊也可以感受到他的心。

我还从未真正为父亲哭泣过，但如今我终于能够理解他为人处事的方式。因为现在我自己也成为一位父亲了。可惜我没能经历过同时为人子为人父的双重身份，那原本也许会让我能够向我的孩子们传递更多。但我总是说父亲的教导是一定会传递下去的，通过我，传递给他从未见过的孙子们，也传递给那些未能有幸认识他的孩子们。而我，拥有过这种幸运，并将它好好收藏。我希望自己为人父的方式中也能有点他的影子。我很想祝愿自己的孩子们，更是祝愿我自己，希望有一天他们讲起我，能像我脑海中一直所思念的爸爸一样。他是我们家里的中心人物，指导一切但绝不专横。他总是知道最正确的用词，可能正因为如此，他一向言简意赅。不管是零星小事还是重大抉择，他总是有决定性话语权的那一个。如今我知道父传子、子传孙，存在着传承的纽带。而我们必须要达到那些先人的高度。

哪怕我有钱财和人脉，依然无法救治我的父亲，这让我了解到生命的脆弱，和它那极度的无常。有时候我们以为自己能控制一切，能掌控万物，但事实并非如此。几年前我在南非的一次游猎中懂得了这一点。我们在黎明时分登上敞篷吉普出发，身上裹了层毛毯，因为草原上的清晨冷极了。忽然间我们碰上了一只猎豹[①]，车上有一名带枪的向导，但我肯定他那把小枪起不到什么作用，如果

———————

① 此处原文为美洲豹，鉴于作者当时人在南非，当为笔误。

那只动物决定攻击我们，我会瞬间成为它的高角羚。大自然比我们伟大太多，疾病的神秘也是一样，而我们总想要忽略这一点，就像我们常无视死亡，因为生病和死亡对我们来说太过难以想象。我们觉得那些都只会发生在别人身上，可事实并非如此。那个非洲的早晨，除了猎豹我们还看到了一窝小小的狮子幼崽，大自然并不是只有威胁，还有美好和柔弱的存在。我从未想过河马会是最为凶残的野兽之一，我对它的印象还停留在尿不湿的广告①上呢！而事实上，如果它想，就可以用獠牙将船砸个粉碎。因为它们的牙有那么长，比鳄鱼可怕多了，而大象生起气来也不是闹着玩的。在非洲的那些日子里我领会到人类是多么的渺小脆弱，几乎总是要保持警戒、不断等待、抱有希望。人类需要坚忍。

生活也和竞技运动一样，坚韧不拔的能力显然并不是只和身体或者心理健康相关。还要考虑变幻莫测的外部因素，考虑那些现在想象不到、但说不定哪天就会来临的险恶伏击。禁药风波的那段日子差不多就是如此。我自己在那一段时期生活得还算平顺，因为我的良知令我平静；我知道自己从未使用过违禁药物，所以没有什么可担心的。我没有任何需要隐瞒的东西，那件事带给我更多的是愤恨，是对伸张正义的强烈渴望。我只想报复那些传播出流言蜚语的

---

① 此处指 Huggies（好奇牌）尿不湿的广告中的卡通河马。

人，我说的不是痛苦，而是愤怒：时间也不能将其抹去。

我们的竞争力，我们那成为商标一样的勇猛，源自于疯狂的训练。我记得自己那时候每天都要多做一个小时的健身训练，然后才跟大家一起休息。那个时期，我们的榜样是百米跑选手：强劲的双腿和健美先生一样的躯体。我那时候也是如此，有力而又迅捷。那几年是罗纳尔多的巅峰时期，没有人能比他更快、比他更有破坏力。他的表现也带给我很多启发。然而，即便在那个时期我也从未想过头脑和心灵会位居肌肉之后：发号施令的是大脑，她才是我们唯一和真正的主人，大脑中甚至有着我们无法想象自己能够拥有的能量。是的，这是每个人都具备的"天然兴奋剂"：意志力。身体可能会向大脑传输一个确切的信息："嘿，我是你的肌肉！"，同样大脑也可能感觉疲惫，让身体暴露于额外的风险之中。一名运动员每天都处于心灵和躯体的持续对话中，成就和状态正是取决于它们之间的平衡。

坦白讲，我并没有因为自己到了 37 岁而感觉劳累，这不是问题。几个赛季前，我意识到发动机快没油了：那是在连续的 10 场胜利之后，因此是一个美好的时刻，但我当时一直出场，感到有点疲惫。不过我也明白身体会自己做出最好的调整。那个时期，尤文在惨败给那不勒斯之后要两次面对皇家马德里，有可能会再次遭到打击。在那两场比赛的前夜，我的竞技指标只是正常，而在跟西班牙人的对抗中，我却成功踢出了两场漂亮的比赛，特别是在伯纳乌的那场：堪称完美。说到底这需要直觉、需要充分的想象力、需要最大限度的兴奋感，才能让我梅开二度，享受到令人战栗的全场起立鼓掌的待遇。

于是我问自己：状态是什么？什么能帮我们达到最佳？什么能让我们抵御痛苦、变得耐性而有智慧、不向沮丧投降，而且能持之以恒？答案就是：经验、韧性、意志力以及耐心。年轻时，我总是什么都想要，而且希望能一蹴而就，失利后就想马上重回赛场，恨不得以世界上最快的速度，讨回胜利、消除败绩。然而这是不对的。"复仇"同样需要时间，如同我们国家队的胜利，2006 年世界杯上终于报了法国人欧洲杯时的一箭之仇。

我的身体和我的大脑一直在与我对话，许多年来我一直心怀崇敬地认真倾听它们的声音。在现在的这段职业生涯中，它们对我诉说着想要继续踢球的愿望。我的身体和我的大脑，在对我说它们仍然渴望挑战。

第五章　诚信

　　我那时大约 9 岁。那个年代，只有电子游戏的祖先存在。在我家乡的阿克利酒吧里，只有桌式足球、弹珠游戏和游戏机里的宇宙飞船：一局 100 里拉。人人都想破纪录，然而要做到这一点，就得连续打很多局，每次都得再塞进去一枚硬币。想要破纪录就得按下神奇的"继续"键，那可是少有人能消受得起的奢侈消遣。

　　于是，为了在做完弥撒后能够连续多玩几局，一个周六的晚上，我决定从父亲的钱包里拿出 1000 里拉，也就是偷出来。当时我已经这样干过几次了，从未被发现，这不禁令我觉得自己还是挺狡猾的。而那一次，则是我今生最后一次偷拿父亲的钱，从此再也没有忘记。

　　每天晚上下班后，爸爸会在车库里换好衣服再进屋。我很清楚他把钱包放在哪儿。我取出来 1000 里拉，纸币的一边上手写着红色的币值——那时候的旧钞上经常会被做上标记——叠起来放进了自己的小钱包里。非常天真地，我甚至都没有藏起来。当时我的脑子里只想着能冲到十级，甚至十二级，想象着游戏机的屏幕只归我一个，那就得比其他人都早点到酒吧。在我脑子里打转的全都是第二天一早的场景，让我非常兴奋。

然后，也不知道为什么，晚饭时我要打开自己的钱包，拿出来那1000里拉：当时我还有另外1000，所以原本真的可以把我的宇宙飞船游戏玩到破纪录。就在那时，爸爸用奇怪的表情看了一眼，说："这张红色的1000里拉真好看啊，上面的图案好奇特！"他没再说别的，因为已经不需要了。

上床睡觉前，我回到车库，把钱塞回了他的钱包。哪怕已经过去了许多年，我依然很清楚地记得当时那无法消除的负疚感。那一次，我理解了"像小偷一样羞惭"这句话的确切含义，足以让我从此再也不去尝试这么做。

• • •

当我提到错误也会教导我们，所指的就包括诚信。没有哪一种获取是永恒的，我们既不是鲍思高神父也不是圣方济各①，这样没什么不好。但我们每个人都应当尝试成为诚实的人。诚信是一项长

---

① 与前文的鲍思高神父均为天主教圣人。

期投资，不仅在运动中如此，而狡猾则是在抄近路。不过，狡猾跟狡黠还是有区别的：前者是错误的，而后者则意味着思维敏捷、头脑清楚，在运动中是一种正面的品质。一名运动员应当是狡黠的，但不能是错误的。没有什么东西可以不劳而获，遵守规则意味着只能通过自身能力去赢球，也可以借助命运或运气，但绝不能使用违规的手段。那样的话运动也就失去了意义，因为这意味着"诚信法典"这一不成文的骑士规则将要分崩离析。在足球世界中，这一法典确实存在。久而久之，诚信的人会因自己的行为回本获利，而不诚信的人用假币来购买自己的成功，这种成功分文不值，更不会长久。

如果要我在多年来的运动中举出一个最好的诚信例子，那么我首先想到的就是2000年5月在佩鲁贾的那场失利，当时我们已经到手的联赛冠军①，就这样因为场地环境而被夺走——唔，可能也不仅仅是因为场地……距离终场还剩下十几分钟，我们落后一球。什么都做不了，我们甚至没办法完成半次进攻，那时候我们已经知道一切都输了，大家脑中一片空白。

---

① 当时是该赛季的最后一轮，尤文图斯领先第二位的拉齐奥2分，尤文只需逼平或者战胜已经保级无忧的佩鲁贾，即可夺下当年的意甲冠军。但比赛时下起了暴雨，佩鲁贾的主场严重积水。佩鲁贾以一球小胜尤文图斯，最终拉齐奥在积分榜上反超尤文一分而夺冠。

当比赛还剩 10 分钟的时候，边裁示意给了进攻中的尤文图斯一个界外球。轮到詹卢卡·佩索托去场边投掷，而他，将球权还给了佩鲁贾。他这么做是因为很清楚之前是我们的队友把球送出了边线，所以这么做是正确的。正确，但并不容易做到，绝对不容易。那是一个非凡的举动。要知道，那可是能改变局势的关键时刻，从竞技角度来讲，这是显而易见的。然而，我们没有一个人对发生的这一切感到吃惊，因为詹卢卡正是那样的人。他的每一个决定都是不容挑战的铁律，对我们来讲，只要那是他自己做出的决定就够了。因此，更衣室中没有任何人想过哪怕只是提及那个界外球，那次交还给对手的球权。在场上，球要么是我的要么是你的，而每一次，每个人都清清楚楚地明白这个球到底属于谁。他的举动伟大之处还在于所选择的时刻，大家都能在一场 3：0 领先的非重要比赛中表现慷慨，而在那种决定冠军归属的情况下就完全不一样了。我想好球员和伟大球员的区别正在于在重要时刻的决断力，这一点不仅适用于体育运动，也普遍适用于其他领域。适用于普遍情况。伟人总能在最复杂的抉择中脱颖而出。佩索托在佩鲁贾的例子是一个永恒的榜样，我还没有达到这个高度，但一直行进在这条路上：我不认为自己是最好的，但永远在向这个方向迈进。这是脚下的道路，也是我的愿望。减少错误已经是一个很好的结果：诚信是一项太过重要的价值观，不可能轻松简单地就达到了，否则就是自负了。

我再也没偷过任何人的 1000 里拉，也从不曾骗取过任何一个点球。不过，我碰巧有过一两回有争议的点球失误，当然并不是有意的：就像是我整个人都泄了劲儿，体内有什么东西导致我犯错一样。我记得有一场尤文图斯和乌迪内斯之间的比赛，判罚给了我们一个理应不存在的点球。我射门时就把球踢到了横梁上……还有一次是在对阵罗马的时候，当时我被久候不至的续约困扰，同样的，又一次射门不进。

● ● ●

既然说到诚信，也就不能忽视假摔的存在。很可惜我们至今依然能看到这种情况的发生，虽然已经比从前少得多了，毕竟摄像机的镜头还是有着相当大的威慑力的。我明白，当一名前锋挺入禁区时，只会想要进球，并不会只为了摔倒在地。以当今足球运动的速度水平，有时候一次小小的碰撞或是一个轻微的推搡，的确会让人摔倒在地。不过这些年来，谁是狡猾故意，谁是不小心，大家也都很清楚了。而且，像我提到过的，还存在着狡黠、经验、迫使对手犯错的能力：所有的这些，都是竞技运动的一部分。

有时候也会发生中场故意制造个不存在的任意球这样的事情，

拜托，谁人又能完全无罪可以投出第一块石头呢[①]。我不觉得这算是对诚信多么不可原谅的冒犯。我还记得很久以前一场罗马对尤文图斯的比赛，我迎面被打了一拳。当时实在是太过吃惊，以至于完全不能做出反应。假如我当时顺势倒地，我的对手可能会被红牌罚下。这就说明虽然有时候可以利用一下场上形势，但我们并不会这么做。因为这样做不正确，或者因为根本没想到。正直和不端都可能出于直觉反应。

比赛中，扑倒在地可能是为了不被踢中，为了避免受伤：这是足球的一部分，总不能去冒着断腿的风险吧。这种情况，我也不会称之为不诚信。想要知道该如何行事，需要的不仅仅是赛场规则，道德准则也相当重要。场上一名球员倒地，如今流行的做法就是马上把球踢出场外，但我们也在试着回到旧时的习惯，那就是等待裁判哨响。除非是碰上了一记故意的头槌：那种情况下是要立即停下来的。

道德准则确立了什么该做什么不该做，却不会让你在任何书面的规则上找到它。当你正以 4：0、5：0 的比分领先，而比赛又只剩下一刻钟，这时就没必要太苛刻了，只需度过这段时间就好，

---

① 此处典故出自圣经约翰福音第八章："你们中间谁是没有罪的，谁就可以先拿石头打她"。

不用等到对手来祈求。当然，这是意大利的做法。因为道德准则还有一个"欧洲变种"：在那种情况下，5：0之后的正确做法是去追求6：0、7：0，因为在国外，人们认为这样才算尊重对手，而消磨时间几乎代表着一种怜悯，因此这是比比赛结果本身还要糟糕的羞辱。这是一种风格上的差异。

道德准则规定了我们踢球而不是踢腿：比赛是为了对抗，不是为了伤人。当然，还是有那种恣意妄为的球员，你若明白这一点，会做好准备。名声在外，不管是好名声还是坏名声。意甲中我们每个人都认识彼此，有些人是心怀恶意，但有些人则是自带锐气：也就是说，这些球员每次碰到你都会害你受伤，但这不是他们本意，只是他们的身体如此，像是真的充满了棱角跟锋芒。而跟另一些对手，则不知道为什么，总会有些不对付的地方。就像在生活中，你碰到喜欢或者讨厌的人，就会自然释放正面或负面的气场。这些都不是有意做出的举动，纯凭感觉，仅此而已。

我刚开始踢球的时候，默认一种"撞了再说"的规矩，算是一种下马威。当年流行这种做法，它几乎成了球员们的习惯。前锋和组织型中场是注定的受害者。有时我都期望自己能有一米九的身高，哪怕只维持两个礼拜，好让我感受一下效果。看看大个子是不是就能过得稍微倨傲些，因为每当我看看周围，没几个像我这样，前锋通常都长得又高又壮。那些中等和小个子的前锋就得动手来保护自己了，我当然也碰到过。有需要的话，我也是会用上手肘的。偶尔，看到皮球砸下来时你会想："我要像石头一样硬冲过去，不去管什么球了。"于是就出现了犯规动作，可能还会形成连锁反应从而引发一场斗殴。头脑冷静时，我会觉得这很蠢，纯粹是被冲昏头任由神经摆布，等于白白浪费了自己的精力和灵感，而这些原本是要以其他方式、用于其他的目的。当你陷入情绪中无法自拔，就会丧失判断力，总之这只能是你自己的错。永远不要去理会那些挑衅：这是智慧，而非怯懦。球场上没有圣人，我们当中也会有假摔成性的球员，我觉得"电视回放"应该不只是用来追罚暴力动作，也应该用来惩戒不公的行为。没有人喜欢跳水者①，因为他们想要欺骗的不只是裁判，也包括队友：风水轮流转，到头来他们自己也会吃到别人的苦头。

还有另一种不公，不是来自球场中，而是诞生于看台上。我指的是那些对球员的辱骂，不仅仅包括那些最令人痛恨的种族分子、极端球迷，也包括那些辱及家人的言语。全都不可原谅。

我来讲一件最近发生的事。当时我正在赛前踩场，有一名对手球队的工作人员来向我要签名。我说稍等一会儿，因为要先去招呼另一个人，结果他用方言对我讲了一句非常难听的脏话。碰巧我能

---

① 足球解说及新闻里通常将假摔称作跳水，即英语中的 dive。

听懂，于是就回到他面前，神情严峻地对他讲别想再来一次。我话还没讲完，那个人就跟我道歉了。很多人觉得公众人物是所有人的所属物，大家觉得对他们什么话都可以讲，什么要求都可以提，什么事情都可以做。在那些盎格鲁－撒克逊国家就不是这样，当然我也承认，有时这种越界只是大众热情的展现，也会让我们悦然欢喜，但总之，夸张的支持既有好处，也有坏处。

每位球员都会捍卫自己身上的战袍、所在的球队，这当然不会令对方球迷开心。多年来我承受过各种恶言恶语、倒彩狂嘘，因为我是尤文图斯人、因为禁药疑云、因为电话门、因为我赢得过一切、因为我是意大利最受爱戴也最让人憎恶的球队的队长：好吧，最后这个原因我也需要考虑在内。不过我也经历过巨大的满足。我记得两场美妙的联赛，一次是在维罗纳对阵切沃队，一次是在热那亚打桑普，后面这场比赛中我还攻进了两个球。在这两座球场中，我所感受到的并不是那种支持的狂热，而是尊重的热情。你会觉得自己身为球员属于所有人，并不只是属于己方球迷，这一点真是熠熠发光。我衷心希望那些掌声也是献给我的球员生涯、献给我多年来自我约束的行为，而不仅仅是为了球技上的灵光一闪。希望我的某些尊重、诚信、符合体育精神的举动，打动的不只是作为运动员的你，还有生而为人的你。

可惜还有一种"挑衅"式的支持方式，像杂草一样。有自己所归属的主队非常重要，但决不能将其转化为硝烟滚滚的战场。当你为一支球队踢球，就要奉献所有、记住自己的身份。

身为尤文图斯的队长，我无法忘记尤文曾因有关诚信的问题降入乙级。我必须去面对这些，因为它实实在在地发生了，这并不是一场可怕的梦魇。未来有人问我那两个赛季在哪儿的话，我会说：我在尤文，我当之无愧地赢得了自己所要赢到的。电话门的污点转化为了经验，伴随乙级中奇特而又美妙的历险，最终变成了骄傲。当然，并不能假装什么都没发生。

那短短的几个月里发生的事，仿佛是一部荒诞电影。我刚从世界杯归来，却随后去到里米尼踢意乙赛季的首场比赛，那还是一场平局。彼时的空气中弥漫着意式卷饼①的甜香，我仿佛到现在还能闻得到。然而我们的良心一直都很安稳，因为我们从未凭借外力的帮助赢得任何一场比赛。不，事实上那个联赛冠军我们是跟 AC 米兰实打实地硬碰硬，最后在圣西罗赢得了胜利：德尔·皮耶罗的倒钩，助攻给特雷泽盖，进球。

那是命运，是我一直不能真正明了的某种东西。但有一件事不容置疑：那两个联赛冠军合理合法，完完全全属于我们。然后，若是回想起巴里的那个午后，那个虚幻的尾声，就像我之前所说的，

———————————

① 里米尼所在艾米利亚·罗马涅大区的常见街头小食。

我感觉一切都像是一部荒诞电影。

前一天晚上的气氛已经有些奇异，我们几乎在恍惚中度过了比赛，2：0获胜，我还进了一个球。作为尤文队长，我举起了属于意大利冠军的奖杯。

在多年的运动生涯中，我从未察觉到什么骗局，或是什么非法的行为。而我自认为是个相当警惕的人。

我从不觉得一名门将会卖掉一场比赛，哪怕看到了最无法想象的漏球；我也不认为一名前锋会因为参与了什么赌局，就去不可思议地射丢必进球。错误本来就是足球游戏的一部分，而我敢肯定，这是一个规规矩矩的游戏。你会丢掉天赐良机、会出现无法解释的失误，有时候没想射门球反而会进、无意识间就破门得分。

在我的职业生涯中，碰到过许多诚信又富有运动精神的队友和对手：正面的例子要比负面的多得多。我会非常愉悦地回忆起在英格兰的几场对战，在那里尊重对手还要更先于公平竞赛，那里会把你从头盯到尾，但总是冲着球去，绝不会伤人，这叫作体育文化。所有的这些都关乎真诚，也可以从话语中体现，比如选手的声明、接受的采访。我相信是应当真诚一点，不过有时也许有所保留会更好，一半的真相已经足够。我学会了把话讲得简单清晰，这样容易不被误解，而且有时则没必要解释太多。必须要把握好度，如果有疑问，那么沉默是金。

· · ·

在行为和神经反应中体现真诚同样很难做到。设想一下，如果被换下场，那么我们将很难控制自己，毕竟我们总是想要一直踢下去。那种时刻像是又变回了小孩子，眼睁睁看别人把你的玩具拿走。

最难熬的是看到场边举起换人的号码牌，上头闪烁着的是你的背号：这时候最容易风度尽失。人们可能会问："自制力就是个谎言吗？"或许是的，在集体利益面前，我们几乎可以称其为"虚伪的谎言"。假如教练换我下场，而我屏住呼吸接受了他的选择，就是在给队友传递一则非常重要的讯息，在用简单的行为向他们解释：我要安静离开。那个时刻，我也要对即将替换我的上场球员给予尊重，告诉他全队都很期待他的表现。这并不意味着我不难过，但我必须把这种难过留给自己。

有时候你会对换人有所准备，你很恐惧，因为知道自己踢得不好。你几乎从不会主动提出换人，又几乎总是认为被换掉并不公正。当你要离场时，所有的摄像机都对准你，你的每一个动作、每一个表情都会被放大：所以才需要努力去打破自制力的世界纪录。但你从来都不能保证结果，因为神经反应总是在那里潜伏着要给你致命一击。不过，时间和经验将会是你最好的两个盟友。

第六章　美

　　我觉得美是对众多达到最高境界的品质的一种概括。足球中存在着纯粹唯美主义意义上的美，也是完美圆润、如行云流水般的姿态之美。也存在着动作之美、优雅之美，亦即风度之美。自然，也存在进球之美。进球本身就可以是美的，而进球也可以因其有用、因其重要而变得美丽起来。从这个意味上讲，我们可以说所有的进球都是美的，而有一些则更为美丽。

　　结果之美最为暧昧，因为难看的比赛也可以带来最美的胜利，而有时再美的动作，也可能无力阻止输球的结局：在输给多特蒙德的那场冠军杯决赛中，我的脚后跟进球就属于这类。非同寻常的一击，还是用了左脚，就算训练中我也成功不了几回。可惜这样的进球，并不会给你留下什么，有的话也只会是苦涩。美，也可以是残酷的。

　　还有情绪之美，你会意识到自己处在完美的一刻。那是生理上的愉悦，是享受。美常常不期而至，到达完美的瞬间就转化为了崇高。那一瞬，美会到达一个几乎无法企及的高度。

足球之美也在于每一个动作都无法重现。会有相似的打法、相似的动作、相似的进球、相似的比赛、相似的球员：然而，绝对不会有什么一模一样的"相同"，绝对不会。每一个时刻都独一无二，因此美才会更令人感动。我进过很多看似相同的球：但即便是最有名的德尔·皮耶罗式破门，即便是冲向远门柱的弧线球，也不是我想复制就可以做到的。每一次都有所不同：起脚的力度、划出的轨道、球飞进门中的落点。任意球也是一样：有时候它们很相似，但绝不相同。

美的瞬间会留在记忆里，会在内心深处激荡、会在眼前栩栩如生：有时它们会重现，像是翻开一本影集。很显然，美也是力量、是肉体、是饱含斗志的冲击。不应该将之局限在某个特定的空间里，而只去注重禁区内的精彩。保罗·马尔蒂尼的滑铲，出脚的时机和完成动作时的果断都堪称完美，这就是纯粹的美。是的，我认为每一名球员在自己领域上的每个顶级技巧性和竞技性演出都可以被称为美。也就是说，美是我们所能做到的最好，不管是各种各样的动作，还是不同方式的演绎。

一名前锋最热爱的首先是自己的进球。在意的当然还有完成进球时的动作、球如何落网，自然也不会忽视传球之美，忽视只有你想象得到的助攻之美，恰到好处的停球之美。帮助别人进球也是一种快乐。马尔基西奥对阵佛罗伦萨时攻入了他的意甲首球，最后一脚传球就是我给他的。精彩绝伦的一脚，看都没有看，打了对方防线一个措手不及。我骗过了所有人，除了马尔基西奥，于是他非常聪明地，轻轻一个吊射进球得分。那一瞬间显然就是一个美的例子，特别是还有着这样的背景：克劳迪奥总是说我是他小时候的偶像，所以由我来帮他攻入首球，就有了更为特别的意义。

美，在体育运动中，是要懂得看到别人尚未领悟的东西：要能在美还不存在时就看到它，并为之塑形。美总是实际的，总能够产生效果。如果说存在不同种类的美，如果我们会以不同的方式被它们吸引，那么与此同时，还存在着一种无可争论的美。比如说美人就是美人，虽然你喜欢的可能是另一种类型。

神秘的天赋会产生美：前者无法描述，后者则因为能够感染情绪而可被触及。每位观众从球场回家时都会带上两三个美的瞬间作为奖赏：那会长留在他们的记忆中。然而，比赛的结果能左右这些记忆。一场失利的比赛，就算是最美的瞬间也已经有了注定的结局——在时间的长河中慢慢被淹没。

当你听到有小孩子把自己想象成你，去踢球、去奔跑、去射门、去试着模仿你的动作，那种美真是太过奇妙，无与伦比。不过，一个9岁的少年，就算是德尔·皮耶罗的超级粉丝，他也不会在小球场上和朋友踢球时，去想那场决赛失利中的脚后跟进球，我觉得他也不会去试着重现那一脚。因为那段回忆中有的不只是美，还有输球：不过呢，我还是想说，那个进球真的是美极了。

我的有些进球常常被人们谈起，有些则不太会被提及。在我心中的个人排名里，非常看重另一个脚后跟射门，那是在很久之前与都灵队的一场德比战，我们完胜。那个进球特别难实现，人在凌空状态中恰好蹭到皮球。我也永不能忘记对阵皮亚琴察的那个入球，恰是在阿涅利律师去世后的那个周日：赞布罗塔后场长传，我用近乎体操动作的劈叉姿势外脚背触球，送入球门远角。我的保留剧目中自然也不能缺少那记攻破佛罗伦萨大门的凌空抽射，这几乎是把我送入伟大球员行列的名片。然而，什么都不能跟世界杯半决赛打德国时的那个球相比，或是让我们在东京捧起洲际杯冠军的那个射门。因为美也要取决于所处的背景，美的比重会因为事情发生那一刻的重要性而增加。德比的脚后跟射门来自一场 5 : 0 的大胜，而对阵德国队那场，则是在加时战终结了艰苦的比赛，把我们送入了最终捧杯的决战。

说到这里，怎么能不提及罗纳尔多，说说巴西人那令人炫目的球技呢？身为尤文蒂诺，我有幸与伟大的球员们并肩，见证了对于足球最为华丽的演绎：齐内丁·齐达内，旁人无法企及的优雅；维亚利，强悍而无情的进球王；罗伯托·巴乔，他那细腻的脚法真是世间绝无仅有。他们中的每一个都跟另一个不同，而所有人都诠释出了什么是美，无须使用哪怕一句言语。

我觉得，美，要想真的称其为美，还需要得到肯定。冠军因能长久而美丽。我没办法给自己职业生涯中的所有进球排出个一二三，这不公平，也不容易。不过我能确认的是，2006 年世界杯攻破德国队大门的进球，真的是与众不同，因为它集多种不同的美于一身：进攻组织、我从场地一边到另一边的跑动、迅捷与精准的传球、完美的默契、优雅的动作，然后是挂入死角的射门。优美至极。我们当时在加时赛对阵东道主：不可能有比这更好的时机来成就完美。

在柏林捧起世界杯像是攀上了一座至尊的高峰。举起奖杯时，你会清晰地意识到这个动作包含了你为了走到这里所完成的每一步：因此这才会是如此重要的一个仪式。那一刻永远那么神奇。对我来说，举起金杯涵盖了太多东西：不只是那两个月以来的紧张压力，在代表国家队参加大赛期间，又正值电话门事件，没有人能安心，我们尤文蒂尼尤甚；我手中的冠军奖杯上有我身穿蓝衣战袍的美好与失落，有我在 2002 年的亚洲赛场攻入的自己第一个世界杯进球，更重要的，是有我一直以来想要到达这里的远大梦想。意大利国家队在马德里夺冠 ① 那年我只有 8 岁，还记得决赛的那一天，

_____

① 指 1982 年世界杯。

我们有三四十个人围在电视机前，妈妈、爸爸和所有最亲近的朋友。那样的一天如此神奇，以至于每个踢球的小朋友都会在内心点燃梦想的火焰。你看着、想着、希望自己也能到达那里。

我时不时会看看柏林颁奖礼的照片。台上的我正准备抓住奖杯，从另一名队友手中接过来。我想要大喊，想到了我的家人，想到了所有分享了这一旅程和梦想的人们，想到了已经不在了的爸爸，与哥哥和我太太在一起的妈妈。我记得自己正在回味那一刻，因为已经消化完了，已经是比赛结束后十几分钟，我们已经犯了好一通傻，大家互相拥抱，跑向球场一角的意大利球迷，那当中有我们的亲人。我想在看台上找索尼娅但没找到。然而，几乎是奇迹一样，半决赛中我攻破德国人大门之后，我跟她的视线刚好交错在一起。

挑战德国队之前，我把球票给了亲友们，我知道他们会坐在球场的第一圈看台。而索尼娅和她的哥哥在比赛进行中的时候往下挪了挪，几乎靠近了护栏，也是为了能有好运，希望我也可以在某一刻上场踢球。我真的上场了。进球之后我跑到看台底下，往上看却谁也没有看到。然后，我放低视线，正好和我妻子的目光遇到了：简直是魔法，这可能又是一个命运的征兆。有个电视录像记录了这一幕，镜头从下往上圈住了我和看台，在那儿，索尼娅在哥哥的怀抱里喜极而泣。而在柏林，我却没能找到她，虽然我知道她就在那里，欣喜若狂。我还记得，颁奖仪式后，球场上布满了白色的小纸屑。我终于可以躺在地上展开双臂，就是我从小常做的那个姿势，向天空望去。呃，我并不相信什么"职业生涯中最美好的一刻"诸如此类的说法，但那一瞬间，的确非常接近了。那一刻，我对自己真的非常满意。

身着蓝色战袍之美，已经超越了其象征意义，你正在代表着你的国家，而并不只是所在的俱乐部。这本身就很美，被那个颜色包裹着的感觉实在美妙，即便你正在零下15度的俄罗斯比赛也能感受到。很可惜，有时候习惯会破坏美，显然我说的不只是足球。对国家队的比赛习以为常并不是什么好事，不过我们都是人，都会被不同的思绪影响，都会走神分心。不管怎样，那件战袍依然是运动员的最高荣誉。

• • •

美是征服，或者可以说是不断的重新发现。膝盖受伤后第一次摆脱拐杖走路，让我意识到散步是一件多么美妙的事。但在这之前，在我身体没问题的时候，也像其他人那样把它低估了。我们应当时不时地停下来，好好思考一下这些。我们会发现美无处不在，哪怕最无聊的时刻也存在着美。像是现在我透过窗户看着那些屋顶，觉得简直不存在比这更美的风景了。

自然之美最让我感动，我觉得这是地球上对美所能做到的最高程度的表达。那些动物、那些风景，尤其是非洲大地。有一次我在那里住进了位于山巅的一家酒店，一边用早餐，一边看着满湖的河马，远处的长颈鹿、大象，不知从哪里钻出来的一头狮子。另一天早晨，来了一大群粉色的小猴子，把我们桌子上残留的食物一扫而空，与其说它们是野兽，不如说是家畜。无论如何那都是非常美好的感受。电视上如果正在播有关动物的纪录片，我会马上停下遥控器，再也不换台。

然后还有器物之美，器物就是人们所制造出的东西。有时候，它们价值连城是因为非常特别，甚至独一无二：要说感受不到它们的魅力那就太虚伪了。一辆法拉利本身就足够美，流畅的线条，而且还是限量之作，人们又怎么能抵抗得了这种诱惑呢？我知道这不是必需品，但它的美毋庸置疑。我们不能活成物质的奴隶，但也不应拒绝一些力所能及的奢侈。当然，人之美更有价值，而且并不是纯粹的美学概念：和运动之美一样，也是由不同品质合在一起，表达到了极致。一位美人必定是在时间中炼成的，他把种种元素锤炼打磨变成了旁人可以直观感受到的东西。人之美不止在于外表，还在于个性、气质。

• • •

　　进球后的狂欢美极了，因为可以释放内心最深处的天性，某种能够触及你童年的东西。在我职业生涯的某个阶段，大约是 10 年前吧，我忽然很自然地想要用吐舌头的动作来庆祝进球：这不是什么恶作剧，更像是某种天真的鬼脸。那是一个孩子幸福时的表情。露在外面的舌头意味着"我做到了！我在这儿呢！"。我觉得体育像是一个巨大而又珍贵的承载着美的容器，而我爱着其中的所有。我为篮球痴迷，看过世界上最棒的网球比赛，我还认识费德勒和纳达尔。我也喜欢观看橄榄球，会关注棒球报道，虽然有些东西不太懂。板球倒是还不太行……高尔夫也特别美，尤其是它的动作是如此的优雅。我还喜欢排球，贝拉斯科的意大利男排节节获胜伴我长大，那些胜利至今仍历历在目。

　　运动之美还体现在它的仪式感。我看过有我的朋友科比参加的 NBA 决赛，我去了美国的篮球馆，排着队，感觉像是一个普通的观众，虽然时不时会有人群中的意大利人或是墨西哥人让我想起来自己是谁。那时的等待全都很美：买好座位、看灯火通明的看台渐渐坐满了人、去买上一个热狗、在球迷店里买件篮球背心。这都会是回忆的一部分，和比赛以及结果一起，和战术之美、比赛的激情，一起留在记忆中。所以人们热爱体育，热爱所有的体育运动：

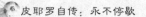

因为这里有激情。这是你亲身经历中诞生的爱，汇集了各种强烈的情绪。而我，有幸以主人公，而不只是观众的身份参与其中。有次，一位球迷对我说："阿莱！看你踢球已经这么棒了，天知道如果能是你的话那得有多棒啊！"我没有回答他，而是幸福地笑了起来。

第七章　团队精神

　　听起来可能会有些荒谬，但团队精神其实跟利己主义有很大关系。我觉得是后者滋养了前者。想要让他人做到最好，首先得要发掘出最好的自己，要在所有之前先想到自己。有时候，一名球员坚持要占据场上某个特定位置，就要那一个，其他都不行：从表面上来看，人们可能会去指责他太自私，但这其实是他为自己、也为队友做出的最佳考量。团队精神不只是泛泛一句"时刻待命"：那也太轻巧，太简单了。不，一支球队永远需要最好的个体之间的默契。

　　从个人角度还是从群体角度出发考虑问题，这不仅适用于足球，而且可以说是某种世界观，是一种态度，或者说哲学。足球不同于网球：后者是独自面对对手，而在足球场上，我们是 11 对11。我们是 22 个分开的人，有时候则是 22 个孤单的人。我学到的是，如果比赛中真的感觉孤单，那就说明自己踢球时并没有好好顾及他人。如果我意识到自己孤立无援，那就说明我正在脱离团队。这需要在自己和他人之间寻求异常微妙的平衡。仅当达到平衡的时候，我们才可以真正被称为团队。否则，不止做不到合力，还会停留在个体胡乱使力的状态，甚至都不是向着同一个方向。这样，很快就会造成混乱。于是，通常就会更容易输球。

想要成为集体中的一部分，就得不断自问自省。每场比赛、每次训练之后，都有必要问问自己是否好好为球队出了力。但不是立刻马上，并不需要太匆忙。要等压力散去，肾上腺素降到正常水平，这时终于可以开始着手分析了。通常，正是这种时候我会发现对自己不够满意。"你没有全力以赴，这样不行。"我经常对自己重复这句话，因为我是一名完美主义者。哪怕我并不记得自己有多少场比赛缺少了团队意识：是更为细微的问题，比如某些时刻你沉浸在单个的事件中，只能注意到你自己。这几乎总是一种心理问题。

年轻选手容易冲动，总是沉浸在当前，也意识不到自己对别人、对自己的真正价值。每一个动作、每一场比赛都像股市上的短线投资，寻求的是来钱快、来钱容易。只有随着时间流逝，运动员才能学会自省，才会明白自己的分析能力和自己的努力能带来中长期的成果，才会有稳定的收益。

努力训练也是团队精神的一部分，因为球员是在团队中、在更广阔的规划下得到自身的成长。杰出的表现是出于动物本能，训练则是基于科学安排：后者为前者服务。很少有什么出于偶然，哪怕并不是所有的一切都能有解释。有一个关于创造力的老笑话，说流汗比灵感更有用①，也就是努力比本能更重要。对这两个选项我难以取舍，但一名运动员的确应该时刻自问：我还有什么可以做得更好？

团队精神在于分担困难，主动去化解别人的危机。这意味着不能惧怕压力：有时候更衣室内会起争执，或者是假装起争执，我们会抬高音量，会故意冷着脸讲话，都是为了激起反应。伟大的教练都是善于利用压力的大师。一个团队需要有一名公认的领导者，这个角色就是教练。而正因为教练令出必行，就需要更衣室中其他有威望的人站出来，承担起责任。我一直认为一支真正的球队不会只有一位队长，我可以在担任了尤文图斯多年的队长后说出这句话。更多队长意味着有更多人讲话可以掷地有声，也意味着有更多领袖能够率领球队走向成功。更有魅力、更年长、个人经验更丰富的球员，自然会得到更多人的追随。他们的重要性无可置疑。

驰骋球场的这些年，我希望自己过得不错，而希望队友们过得更好，希望对他们来说，我曾是一名最好的队长。在尤文图斯的前5年，我赢得了所有荣誉，但可能那时候我太关注自己，可能没有像应该做的那样重视集体。利己主义和团队精神之间必要的天平，可能太偏向了德尔·皮耶罗一侧：这在年轻时难免会发生。现在，

---

① 原笑话中"灵感"为 ispirazione，"流汗"为 traspirzione。两个词拼写相近。

我觉得自己在这方面也有了改善。我领悟到重视集体意味着自己能吃得更好、睡得更多，把自己的竞技状态调整到最佳：这样做是为了自己，是为了自己的健康，但也跟团队的利益一致。

· · ·

一支球队不是一场集会，球队领袖也不是直接任命或者举手表决出来的：你的地位要得到其他人的认同。而他人认同你的基础就在于你一直以来的表现，要考虑你为人的风度，而不仅仅看你作为球员的能力。我在职业生涯中接触过真正的领袖，他们不一定是超级巨星，也不一定出身豪门，但他们都是绝对的真男人，是真正的栋梁支柱。团队精神并不容易获得，绝不会自动产生。就像在上学时：你可能很擅长某几门课程，但既然全部都是必修课，那最好设法让自己喜欢上所有的学科。我想说球队的需求要先于个人，这一点需要尽力去领会。如果个体不能达到自己满意的最佳状态，队伍也不会被称为强队。

团队运动总是更为困难，因为它们基于复杂的动态平衡。同时它们也最能教育人，最能令人成长：还可以培育，或者说应当去培育社交能力。我梦想着可以用某种个人运动来衡量下自己，不知有没有时间和机会去做到。这应当会激发我的挑战感，挑起我永争上游的欲望。我愿意去当一名网球选手：对我来说，球的存在至关重要，网球运动自然符合条件。然后还要有球网，有对手。网球是一项了不起的运动：我觉得正是网球比赛中的精神高压，最终把很多选手塑造成了真正特别的存在，有点类似于高尔夫球手。网球运动中，情感上的重负是绝对的。那里没有替补席，没有教练决定你的上场或下场。那里只有你，或者说，是你只有自己一个人。团队运动的优势在于即便你不处于最佳的状态，也能够获胜，而在个人运动中这是绝无可能的。

或许，作为球员我精通点球和任意球，正因为这是团队约束下最为个人主义的时刻：我觉得自己需要它。当你站到了罚球点上，也许还是在世界杯决赛上，你就变得像是一名网球选手：极为诡异的，眼前只有你的任务，只有你的对手，而这两者是同一件事。真正的满足感来自每天都对战术动作进行训练，不断的尝试才会带来成果，可能最终一脚看起来似乎只是天才的一击：其实并非如此。

1990 年意大利世界杯，最震撼我的是斯基拉奇攻入乌拉圭大门的那一球。皮球先是高高飞起，然后重重落下，而且那脚射门是个半凌空抽射，触球点却非常低，几乎贴着草皮。这是在静止状态下极难复制的条件，毕竟在主罚直接任意球时，要对付的不是飞行中的足球。然而，我是那种一旦有事进了脑子就绝不放弃的人。那届世界杯过去，7 年之后，我正在里皮手下的尤文效力。我记得每次在市政球场的训练结束后，我都会留下来练习各种任意球，特别是斯基拉奇那脚著名的射门。教练有时候会问我还留在场上干什么，劝我停下来，不希望我太累。而我还是会继续，独自一个人。先用钉鞋在地上踩出一个小坑，摆好皮球，然后努力专注于自己的支撑脚。总之，我想要创造出带来那记著名射门的各种条件，最终我成功实现了相似的进球：那是博洛尼亚对尤文图斯的比赛，我们以 3∶1 获胜，我也终于用那种特别的方式攻入了那脚特别的进球。仔细想想，比起团队运动这似乎更像是个人运动了，哪怕最后获取胜利的是球队。

我真的确信自己是一名个人主义者，或许这对一名冠军来说不可避免，但随着时间推进，我学会了去融入、去赞赏哪怕自己并非绝对主角的成功。我不再，至少有时候不再把不能上场视为不公平。留在场外依然会让我心碎，但球队要比这更为重要：所以你要懂得默默承受，没有什么能去危害队伍，最为神圣的个人需求也不行。

在尤文这最后一个诡异赛季的每一刻，我都觉得属于我。即便只能在场边看着别人时也是。我付出了巨大的代价，有所付出，也有所收获。有时候我不得不咬紧牙关，才能不说出心中所想。如果能一直做到把球队置于自身之前、把个体需求置于集体需求之后就好了：然而我们是人，所以并不完美。

生存本能属于所有动物，因此人类也有。自从我有了自己的孩子，就很难再在圣诞节的时候去医院探望那些病重的患儿，我做不到，那种阻碍我的力量比我更强悍。有 3 年时间我都远离了那个充满苦难的地方。但 2010 年 12 月，我努力使自己回到了那里：那是非常悲伤却又非常重要的一天，我再次意识到，我们一个最微小的举动也能对别人有所帮助，虽然我不能虚伪地否认自己那天有多痛苦。近距离看到死亡，哪怕只是透过别人的双眼，也会把我们的内心深深剜去一块。

有过这种经历之后，你很难再去担忧是否能在一支球队里打上首发，或是为不能上场而伤心。不过，从点滴小事中获得的感受也是生存本能的重要部分，它能让你避免陷入崩溃。我总是想要成为众所瞩目的主角，我对训练中的失利都无法忍受，我会比所有人都更生气，甚至会面目全非。我意识到在那一刻的我跟人们通常以为的形象是完全不同的。小时候我接受的是传统教育，非常传统，父母教育我要时刻保持尊重。还记得刚开始接受采访的时候，我想着要表现得像个好孩子，因为我也真的希望自己能做到。后来，这成了一种持续不断的努力，永远不能放松警惕，否则负面情绪就会占据上风。毕竟，在现实中，我们常常只有自己。夜晚入睡时我们是孤单的，伴随的思绪会告诉我们是否度过了美好的一天，是否有跟自己和平相处。一支紧密的强队会减少这种孤独感。我知道很多这样的例子。我刚到尤文的那几年，球队的成绩并不总是最好的，但我们却是最坚定的球队。先是凭借头脑和心灵，然后才是其他，这样才可以获胜。

有时我会被问到，尤文图斯对我来说意味着什么。她不仅仅是一支足球队，更是一种信念。团队精神会以球队的专属颜色来标识自我，而我则遇到了如今足球圈已经很难遇到的机会：成为一名旗帜球员。正是出于这种归属感，我和当时的很多队友一起，接受了球队被降入乙级的现实：这事关荣誉，就像人们帮助受伤动物的义务。当我们说尤文是意大利最受人爱戴也最让人憎恶的球队，我们揭示的是一个深刻的真相。正是在这一真相的基础上，尤文图斯构建起了超过百年的辉煌，因为明白被爱与被恨，会带来不可思议的能量。这就是著名的"球衣之重"：你会超常发挥，你会踢得更好，因为你属于尤文。对手也是一样，面对尤文时他们会感受到要拿出一生之战的心态来踢。

所以，身为尤文蒂尼真的很难，要面对持续的压力，这很辛苦，却又令人振奋。其他的伟大球队也是如此。我第一次对阵 AC 米兰，是在 U-17 青年联赛，那时我效力于帕多瓦，算是在一只小球队。我还记得当时看到红黑小将们坐着俱乐部大巴抵达，穿着整齐划一的漂亮制服，像是已经成了职业选手。更衣室内我们这些白盾① 球员们说："这些人不知道自己会被进多少球呢！" 正是他们无意中大大激励了我们，结果也真是如此：帕多瓦 2 ∶ 0 战胜 AC 米兰，德尔·皮耶罗梅开二度。那一天我对自己说："记住这场比赛，假如你未来能有机会为强队踢球。记住对手们有多想要你输，对你有多嫉恨，有多少愤怒要发泄在你身上，有多努力来备战这场整个赛季最重要的挑战。要记住，他们有多想要把你拉下神坛。"

───────────

① 帕多瓦足球俱乐部的标志为红白色盾牌，球迷也因此自称白盾。

第八章　牺牲

　　有些晚上我父母会坐下来算账，他们必须安排好每个月的开销，把手头的钱分成几部分预算：这些用来支付水电费，那些用来看牙医，多少用来吃喝，多少拿来购买日常必需品。有时会漏掉一块，再想补上去可真是不容易。我看着他们，意识到只凭一份薪水养活一大家子人有多辛苦。为了补贴家用，妈妈会去科内利亚诺做清洁工和上门保姆。

　　对我和哥哥来说，父母的牺牲是最强大的力量。哪怕有时手头拮据，他们也没有陷入过受害者心态，从不会抱怨。困难是令我们做到更好的推进力。如果他们给我买不了新皮球，我愿意等到下个生日。假如我的小伙伴们穿的都是添柏岚①，那我穿便宜实惠的"天柏楠"②也挺好：这种时候有点创造性和想象力也是很重要的。

————————

　　①　即 Timberland，是全球领先的户外品牌。

　　②　此处为作者想象出来的谐音虚构品牌，实际并不存在。

有很长一段时间我穿的都是哥哥斯泰法诺淘汰下来的旧衣服，他比我大 9 岁，这可是个不小的年龄差距：只要一眼就能明白那些衣服的样式都快过时了。不过那个年代的我并不在意时尚，毕竟只是个小孩子。看着学校里的同学我会想："好吧，你们有最新款的鞋，你们老爸的车比我们家的大，可能你们会做我不会的事情，但如果是比踢球的话，还是我踢得更好。"我从没对谁说过这些话，但我的内心对此深信不疑。后来这一信念还让我明白，球员的职业可能会给我的家庭带来经济保障，爸爸和妈妈可以不用再那么为钱发愁。

每天早晨妈妈骑着自行车去科内利亚诺，那里离我们家差不多有 5 公里远。在我还小的时候，她有时会在中午回来为我准备午餐，或者把我留在叔叔家。"牺牲"这个词意味着很多东西：不只是我父母的努力，还有我的放弃。然而我并不愿意把这些定义为真正的牺牲，因为我把它们视作通往心中梦想的必经阶段。对一个只有 13 岁的小孩子来说，去住在寄宿学校，四周都是新同学，在当地没有任何熟人，更不要说原本在自己家乡他就是个头最小、最害羞的，这孩子的确是在做出牺牲。或者说，他放弃了生命中永远不会再回来的一段时光：与之交换的，是另一段棒极了的生活，但那个时候的他并不知道，一切都还不确定。并没有什么保障的，也没有什么是万无一失的。哪怕我球踢得不错，我也不能像做数学题一样确定我的梦想一定能成真。我只是那么相信着，怀着对自己的信心，但未来对每个人来说都仍是个谜。

为了成为一名冠军，我错过了跟朋友们一起逍遥的那些年，那些可以用来出门闲逛的下午、那些可以去蹦迪泡吧的夜晚。15 岁的时候我已经像职业选手一样每天训练了，每隔两周才能在周六回家半天，然后周日一早的 8 点钟，我就得出发赶往某个球场。几乎总是爸爸送我过去，开着他那奶黄色的菲亚特 127，后来是一辆银灰色的乌诺 ①：会选择买这种稍贵的金属漆色，在我家也算是难得奢侈了一次。比赛结束之后，如果赛地离帕多瓦比较近，我就直接赶回寄宿学校，不然还可以在家多待几个小时。我们能把这些叫作牺牲吗？可以。而另一方面，在我心里，只有这样才能对得起我父母的支持。

爸爸每天工作到下午 6 点，然后至少还需要两个小时才能到家，回来以后还总是有点零星的工作要完成，比如有电路要接，或者墙要砌好。这时，妈妈会骑上自行车去科内利亚诺做工。我清楚地知道所有这一切的辛苦，都是为了维持我们这个家，有时月底能收支平衡简直是个奇迹。有些心愿我根本不敢提，甚至只是想想都

---

① 菲亚特的另一款汽车。

觉得荒唐。小时候我的梦想是能拥有一台康懋达 64[1]，那可是最早能玩游戏的电脑之一：真是不可思议，在家就可以免费玩游戏，想什么时候玩就什么时候玩，不用像酒吧那个一样玩一局游戏还得花上 100 里拉。对于当年会去偷父亲的 1000 里拉去破星舰游戏积分记录的我来说，康懋达 64 简直就是一个无法企及的神话。

康懋达之后的年代流行的是机器人，那是一种元件可以互换的玩具。我那时候就要满 13 岁，妈妈问我想要什么礼物。正好哥哥刚把摩托车换成了汽车，我已经知道自己到了 14 岁就可以骑摩托，所以想着可以要一顶头盔。可是与此同时，我又那么想要一个机器人，真是不知道该选哪个好。一直到某天我们开车去科内利亚诺的时候，妈妈问我："那么，阿莱，你想好生日要什么了吗？"最后，我选了机器人。拥有机器人就意味着我要放弃对摩托车的念想。直到现在，我还珍藏着这件由吉格公司[2]生产的玩具：它还站在在家里一个展架上。它叫作"皇帝"[3]，是所有微星小超人中最伟大的帝王。他身穿长长的黑色披风，双臂可以发射磁力和火箭炮！最重要的是心愿被实现了，这比想要的物品本身更有价值。我玩了

---

① Commodore 64，八十年代康懋达公司推出的一款低成本家用电脑游戏机。

② 意大利老牌玩具生产商，1999 年并入卓奇比斯（Giochi Preziosi）集团。

③ 即微星小超人 Micronauts（和日版的微星小超人 Microman 并不完全一致）系列玩具里意版的 Emperor，也就是美版的 Lord Meto。

几个星期之后，机器人就被束之高阁了。毕竟对我来说，有海绵球、皮球和那个网球就够了。而且还有我哥哥的汽车模型和小兵人呢，他那时候已经长大了，不再需要这些玩具了。

那辆黄橙两色的自行车也是我们的家传珍宝。它原本属于斯泰法诺，后来又给了我。我用晾衣服的小夹子在车前叉上别了一张纸牌，是剑牌 8，在我们的方言里，这张牌面叫作"老奶奶"，因为读音和摩托引擎发动的声音一样。我对这辆自行车的昵称是老鹰，它是脚踏制动①的：这可是全村唯一的一辆，所以每次骑出去的时候，我都显得特别得意。我撞汽车的那次事故就是骑着老鹰：在那之后，这辆车经历了一次大修，我也一样，然后我们又能一起上路了。

在乡间长大意味着放弃一些东西，而换来的是真正的宝藏。有成千上万种游戏在等待着你，搭一个树屋，爬上樱桃树顶摘下熟得最透、最大最红的果子，去小溪里钓青蛙，整天待在户外。现在回想起来，我特别高兴自己曾在那里生活。身边有各种动物伴随着成长真是太美好了，哪怕也有会攻击人的可怕的大火鸡。我总是跟猫猫狗狗母鸡们待在一起，一窝小鸡仔或是一窝小兔子有着千金难买的动人。有一天，斯泰法诺带回家一只乌龟，是他在路上捡到的。

---

① 即没有手刹，脚向后蹬踏板来制动（注意并不是死飞车）。

为了防止它跑掉，我们跟爸爸一起在花园里竖起了一圈篱笆。家里有块小菜园的话，乌龟是非常有用的，它能吃掉小虫子还能保持地面清洁。后来，也不知道怎么回事，乌龟突然不见了。

从小我就盼望着以后踢球挣来的钱可以帮到家里。虽然金钱是随着尤文图斯一起到来的，但并不是立刻就到了富足的地步。第一年的工资刚好收支平衡：去掉食宿和汽油费，我的口袋里就不剩什么了。那时我买的唯一一件奢侈品是我人生中的第一部手机，后来则是汽车。那时，尤文图斯的球员有权以半价的优惠价在菲亚特集团买两辆车，一大一小。我选了一辆菲亚特朋多 GT[1]，和一辆特别帅的蓝旗亚整合版德尔塔[2]，对我来说这是世界上最美的车：到现在我还收藏着它，跟小机器人"皇帝"一样。说起来，当时决定做出这笔开销真不是一个容易的选择。哪怕只要半价，也差不多用光了我账上所有的钱，这对我家和我自己来说都是难以想象的事。我对父亲说，我们可以把这辆车看成一项投资，以后可以再把车卖掉，总是还有赚的，这才说服了他。于是开始了一串连锁的行动：德尔塔归我，朋多给哥哥，他的第波[3]给父亲，然后爸爸就可以把乌诺卖掉了。就像是小时候穿哥哥的旧衣服，不过这次是反着来

---

① Fiat Punto GT，一款小型家用车。

② Lancia Delta Integrale，曾获世界汽车拉力锦标赛六连冠的经典车款。

③ Tipo，菲亚特一款小型车。

的：终于轮到我来给别人些什么了。我，那个最矮小的小家伙。

父亲生前坚持不能向孩子们要钱。"靠我们自己的钱也够用了，"他总是说，"也没什么别的需求。"他仅有两项花在自己身上的开销，一是足彩 13 奖，很可惜，另一项却是导致他得病的香烟：每个周六下午他去买彩票，那两个小时是完全属于他的时间，还可以在村里跟朋友们喝上一杯威尼斯调酒 ①。我和哥哥都知道爸爸提前取出了退休金，就为了能给我们装牙套。他的一生都那么辛劳，我多希望他真的可以早一些退休啊。但他很开心能够工作，跟自己的团队、同事都相处得很好，而且他也不是能清闲度日的人。

我家另一项每周进行的仪式是洗车，为了节省开销，当然是在家里由我们自己来干。在那个年代，加满一箱油也是一笔很可观的开销，倒是能用很久，也因为我们真的很少用车。那些年的生活让我明白金钱的价值，我总是很注意控制开支，不过在父亲过世之前，我可能有些太夸张了。那时候我有点过于担心未来，过得特别节俭。而父亲的过世再一次让我明白金钱并不能买到一切，至少肯定买不到健康。我现在觉得自己和物质的关系已经有所改善，明白了时不时有一笔看起来没必要的开支还是有用的，它可以让我们开心。

---

① Spritz，一种气泡酒、气泡水和利口酒混合而成的意式调酒。

• • •

　　牺牲也是命运的一部分。人们永远也搞不清究竟是我们用自己的选择决定了命运，还是一切都由它来掌控。我觉得正确的答案也许是各占一半。放弃和牺牲从来都不是自动自发的，而且要付出代价。在帕多瓦度过第一年后，我几乎想要逃回家，有时有球踢，有时又没有。情况比预想的要复杂得多。但我觉得还是要继续坚持自己的梦想，就这样放弃是不对的。我记得那时候妈妈总担心我赶不上火车，怕我在车站走丢，总是一遍遍告诉我要是在梅斯特雷转车的话一定得当心。到最后，尽管只有13岁，我还是学会了自己安排好一切。那时就换成我来一遍遍嘱咐她要小心，一年之后我成功说服她没必要再一直陪我坐火车：可以省下一半的开销，而且我现在已经可以独自旅行了。牺牲和放弃使人更快成长。而且这样的旅行也很不错：我总是坐在窗边看风景，看田野。我记得住所有的停靠站，如果碰巧赶上了一辆城际快车①，我会很开心，因为它只停特雷维索和梅斯特雷两站，那些一串串的小站就都被甩在一边。某一刻火车会掠过特雷维索的特尼球场，我就会开始做梦：因为那是一个真正的体育场，就跟帕多瓦的阿皮亚尼球场一样，可不是我平

———————————

　　① Intercity，一种中速火车，停靠站相对较少。

时踢球的那些小场地。于是我成为一名球员的心愿就会更强烈，也更多了一份动力。

有时候我会问自己，是不是我的孩子们也要放弃点什么才对，是不是这样会让他们成长得更好。我觉得有点儿纠结，一方面从教育的角度来说，让他们知道"不"的含义是有必要的，另一方面我还记得自己小时候有多想要那些得不到的东西，若是我儿子弄坏了一个玩具，我恨不得马上再买一个给他。找到平衡点很难，有时候直觉也帮不上忙，但我也知道拥有太多会减少价值。我希望我的孩子们能领会"是"和"不"的含义，能懂得如果我送他们礼物，不是为了宠他们，而是因为爱。当然了，这个界限非常微妙，而孩子的单纯永远都是最大的收获。我爱看儿子托比亚斯玩小汽车：拿起来、换个位置、停好、让它们跑起来。他可以几个小时都这么玩，而我在那种神奇的时刻，完全不想去打扰他。我当年也喜欢独自游戏，玩我哥哥的汽车模型。我觉得这是我在生活中培养出的一个独处的维度：我喜爱独自消磨时间，可能是看场电影或读几页书，或是思考、冥想一会儿。我也喜欢做些家事，这会让我想起父亲，不过他在这些事情上可是职业级的。有些小活儿我会干而且也喜欢干，其实我还挺居家的，虽说我爱旅行，但跟孩子们一起，我居家的一面显然有所长进。

• • •

身为冠军不可避免地要放弃一些私人生活。不过所有的这些我都想要，我不能虚伪地表示自己不喜欢在街上被人认出来，但有时候也需要抽身出来，找个遥远的地方去逃离，而这并不容易。这几年我跟太太会扎身于威尼斯的狂欢节，脸上的面具可以让我有几个小时不必做德尔·皮耶罗。把脸遮在面具后面，可以漫步在小巷子中，可以坐在圣马可广场的咖啡馆里，处身于 2000 多人之间，扮演最完美的陌生人，实在是一项神奇的体验……不过，几年前，发生了一件更特别的事情。

我很喜欢观看摔跤比赛，在电视上追了很久的《虎面》比赛，也就是《虎面人》①，众所周知这是一部日本漫画中的角色。小时候我是看的科佩尔电视台②播出的动画，妈妈还会在一旁吼我，因为她觉得这个节目太暴力了：哪怕她很明白那都是假装的。我很喜欢虎面人那些翻跟头的动作、那些必杀踢技。多年之后，我才对这些来自日本的事物有所了解，在国家队的一次客场比赛期间还结识了

---

① 此处前后应均指二次元原作。因原文前面用的英文的 Tiger Mask，后面用的意文的 Uomo Tigre，选择译成了不同的名字，此部动漫作品的中文名翻译为《虎面人》。

② 斯洛文尼亚的一个地方广播电视台，七十年代开始覆盖意大利。

虎面人本人①：我赠送了一件自己的球衣给他，他则送了我一个原版的虎面人面具，黑、金两色相间，真是美极了。那一年，我想到正好可以把它用于在威尼斯的匿名出行。

于是我穿了一身黑衣，带上了虎面人的面具，那是一个只露出下巴的头套。托比亚斯则被我们扮成了大麦町，他那时还小，这个扮相获得了大家的一致喜爱。我在圣马可广场附近买了一件黑金色的披风，搭配这身造型简直完美。终于可以纵情享受狂欢节了，然而，我却没有料到虎面人是成百上千万日本观众的偶像，而在威尼斯到处都是日本游客。许多人跑来跟我打招呼，或是指指点点：自然，他们的热情是为了虎面人，并不是为我，但实质并没有变。或许并没有什么面具可以让我们逃脱命运，或者这只是一场游戏，需要游戏到底。总之，一整个下午我都在跟陌生人一起摆姿势，对着他们的相机镜头，签了好多名。甚至还有一艘载满日本人的贡多拉②停了下来。我不再是德尔·皮耶罗，而是虎面人。事情的变化与我计划的截然相反。但这也的确好玩极了。那一天，我非常开心。

① 此处虎面人指的是新日本摔跤联盟将虎面形象真人化后的虎面选手，从时间上看作者遇到的应为第四代虎面人山崎佳宏。

② 贡多拉又名"公朵拉"，是独具特色的威尼斯尖舟，它一直是居住在泻湖上的威尼斯人代步的工具。

第九章　风度

他人对我们有着确切的观感，相当明晰，就像是走出电影院时要确定对这部电影哪里喜欢或者哪里不喜欢。这种印象的形成取决于我们的风度，是风度在为我们代言。或许，风度就是我们自身。

并不存在正确的风度或者错误的风度，但一名公众人物永远不能忘记有多少双眼睛在盯着你：因此，你并不能完全随心所欲或是全凭本能行事。风度是我们的一举一动，是所有我们做出的选择，也包括我们舍弃的，即那些我们决定不去做的。我总是更倾向言简意赅，一件事能用 5 个词去说清就不会用 10 个。说话时我会试着慢声细语，不去大吼大叫，因为喊叫的人显露出的是懦弱。风度也是懂得自我控制，是我们的为人，是我们存于世间的方式。

● ● ●

风度不等同于社会阶层，也不是聪明才干，当然，也并不是指

111

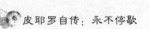

天赋。那些都是被赋予的东西，而这里，我们谈及的是选择。风度与教育有着很大的关联：它的一部分是天生的，但剩下的必须依靠一天天的构建。同时它也会决定自己要成为什么样的人，所以年少时以及刚开始思考长大了想做什么的时候，就要把问题抛出来。因为孩子们总是极其关注冠军，关注他们的体育偶像，风度也就意味着不能辜负他们的期待。不过有时候，我也会小小地"背叛"一下德尔·皮耶罗，刻意保持沉默或者说一些可能有些言不由衷但又有必要的话，因为我要从团队利益出发，做出正面表率。

　　我在尤文图斯赢得了一切，随着时间的推进，我和球迷之间也建立起了非常特别的关系。但让我非常自豪的是还赢得了尤文球迷之外的群体的尊重。一名可以展示风度的选手，不再仅仅属于自己的球迷，而是成了一项公有资产，肩负着巨大的责任。他不能让自己脱口而出"我就是这样的人"，更不能用这样的评价为每个负面举动做辩解。我们的个性不是借口，不存在任何借口。每当看到有运动员做出了坏榜样，我就会感到非常不安。这并非出于道德感，而是因为我明白他们没有意识到自己的每个行为的重量，多么容易被仿效。风度的缺失最终会成为堕落的原因。

　　有风度是一个人的权利，但也更像是一种义务。这不是指行动优雅或者走起路来悄无声息。当然了，形式有其重要性，但真正的风度并不在于外表，而是源于内在。风度也是我们的面容，是我们通过表情和肢体动作所交流的信息，带着情感，带着热情，或者什么都不带：因为冷淡也是一种风度，毕竟我们不是千人一面。风度并不是去装腔作势，不在于什么品牌，或者什么标签：那是这个词的另一种含义。而我所在意的风度，深植于我的所作所为，体现在我要越变越好的意志中。需要日复一日地不懈努力，逐渐去增强。它是一条不容违反的铁律，没有任何例外，否则我们就不再是纯然的自己，变成了虚伪的人。

· · ·

再一次地，我想要回忆自己的小时候，回忆我的个性是如何形成的。最开始的害羞变成了谦逊，也就是小心、不张扬：盎格鲁 - 撒克逊人称之为"低调"，这不代表着要去谦卑地生活，而是说最好不逾矩。就像我父亲讲的，少说一句好过多说一嘴。我想要人们记住我是因为我所做，而不是因为我所说。责任感是风度的一部分，在这之中自制力也很重要。当然了，我还是一样会犯错，毕竟我们都不是完人。

当人们在街上拦住我，赞扬我的表现时，我把这视为一份极大的奖赏。但如果因此觉得我不费吹灰之力就能保持风度，那可就大错特错了：有时候我也难免冲动行事。如果说我能避免这么做，那也是出于经验和自爱：我会去考虑什么对球队最好，我想要一直能给外界传递正确的信息。有时在场上我仿佛变了一个人似的，尖锐冰冷，让人几乎认不出来。

风度也是经过不断研究得出的产物，还需要用到减法，也就是观察他人身上令你不喜的举动，避开那些你不愿效仿的负面榜样。这就是为什么说风度可以学习。要去倾听，而不只是清风拂耳；要去观察，而不只是过眼即忘。

在体育方面我没有过哪些特别想要追随的榜样，更多是把那些令我钦佩、想要模仿的行为举止结合在一起。并没有某个单独的冠军激励了我，而是有很多我觉得非常正面的人物令我不停地努力去效仿。小时候我在风度上面没有一个特定的偶像，相对而言父母的言行对我更为重要。他们总是教导我要尊重所有人，绝不可粗俗：我的风度便诞生于此。之后我离家去踢球，他们又告诉我要小心谨慎：阿莱，在火车上要小心身边的人；阿莱，一定要待在有光的地方；阿莱，出了什么事记得要喊……20年过去了，这些建议依然让我觉得极具现实意义。因为远离危险、选择正确的同伴，永远都是至理名言。如果有人试图危害我们，我们需要做出反应，不能退让忍耐。光同样至关重要：从澄澈、明晰的角度。光意味着透明，我确实不希望有任何关于我人品方面的误会。我的天性，也就是我的风度，必须是能定义的，能识别的。黑暗意味着暧昧，哪怕人类总是充斥着模棱两可：我也不能例外。但作为运动员，作为冠军球员，作为公众人物，我总是倾向于在光明中而不是在阴暗中行动。

● ● ●

失败会让风度陷入危机。一旦输球我会心情极差，自我折磨，可能会变得不可理喻。我始终无法完全消解那些失败的经历，最多是接受它，然后分析它，为自己找出一个理由。你要试着去把它转化为有用的材料，有些类似垃圾分类回收。尽管剩下的永远还是垃圾。

失利的苦涩不止一次让我丢掉了风度。始终保持风度是一件很沉重的事，总有一些时刻我想要把德尔·皮耶罗送回乡下。我发现自己在训练中尤其脆弱，那时我会变身成"蓝精灵厌厌 ①"，变得真正让人无法忍受。有时候你会怨怼裁判，责备队友，粗暴地对待对手。这些纯粹是暴躁有失风度的行为会发生在我身上，有时候，也发生在比赛中，幸好那时我更能控制自己，因为所有人都在看着我。而在隐蔽的训练场上，没有任何的摄像机，我就有可能会表现

———————————

① 动画蓝精灵中的人物之一，口头禅是"我讨厌……"。

115

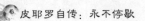

出自己最恶劣的一面。甚至几乎是故意去那么做：总算可以放松了。因为有时你就是想这么做，你就纵容自己去做了。

问题在于失去风度会挤干你的能量。抱怨、讲废话，都会耗费你的精力，把你抽空。当你回到更衣室时，就会有队友跟我讲："阿莱，你今天脑子秀逗了，啊？"那种时候是开玩笑，但也是认真的。我还记得某些久远的争执——始终只是口头上的——至今仍会后悔某些表现。我和好友迪·利维奥，我们曾有一整个月完全不和对方说话：一切始于一场训练赛中的玩笑，已经不记得是谁先开始的了。我们像小孩子一样互相攻击，第二天看对方都是用眼角偷瞄。没人愿意先开口示好。这种心存芥蒂的情况持续了很长一段时间。经过这件事，我开始改变：如果遇到不愉快的事，我更愿意马上解决。把工作中的琐碎带到家里是很糟糕的一件事，这一点不仅仅适用于足球运动员。

●　●　●

我觉得风度也是勇于选择的能力。有时候风度会跟时尚、仪容混淆起来。只是停留在消遣层面的话，我觉得都还好。有段时间我热衷于把自己的鬓角整理出奇特的造型，因为维亚利给自己剃了个光头，只在鬓角留了个"逗号"。我胡子不多，所以摆弄下鬓角也算是对当时的潮流的妥协了。而且，我很清楚这仅仅是表象，基本上属于"年轻人找个乐子"的行为。身为年轻球员，赶个时髦很正常。现在球坛流行的是莫西干发型和文身，连我都有三处文身。这有点像是遵循某种你所属的教义：必须开特定的某款车，戴一顶贝雷帽，身上有几个抹不掉的图案。不过所有这些，并不能真正定义你是个什么样的人。想要成为或者感觉独一无二，需要的是其他别的东西。重要的是别为了追随潮流而去叛逆：这样会起到反效果，最终大家都会变得一个样。

当然啦，我也会有自己痴迷的东西，或许这也是所谓风度的一部分吧。小时候人们会用系袜带，因为一双球袜得穿满一个赛季。但洗了几次之后，袜子就会失去弹性。为了不让它滑下来，就必须用带子把袜口绑紧，再把袜边折下来。这个习惯，或者说这个毛病，我一直保留了好几年。我年轻时还有段时间学着罗伯托·巴乔，把袜子塞在护腿板里面。或者更早之前，我会像普拉蒂尼一样把球衣散在短裤外：可惜每次没过几分钟，裁判就会要求我塞回去。

然而真正的风度并不在于这些东西，风度是懂得举止得当，也包括处理好跟公众的关系。试着不去拒绝是非常重要的，有时候一个简单的招呼就能让那些在栏杆后等了你半天的人们幸福不已：可能你在几个小时的旅程之后只想要赶紧进酒店，但对于这些人来说

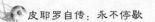

却是一个特殊的时刻，是他们的时刻。你应该尊重这些等待和心情，要记住你也曾像他们一样是个球迷，也曾有所梦想。

● ● ●

有风度意味着要懂得踢好比赛，在直觉和理性之间运球盘带。我不再是一名年轻选手，但也还不算是个老球员：只是进入了另一个阶段。我的竞技能力必须要保持、运用得更好，因为我还可能像当年一样有所作为，时间不等人；而我也明白必须既使用理智也使用情感，才能突显出我是谁。目标永远是进入"闪光区"，一个神奇的维度，在那个空旷的时空里，天赋的神秘会带来最美好的东西。这里回到的命题不再是"是"或"曾是"，而更多在于"得是""想是"。我的风度体现在唯一的心愿：变得更好。职业生涯中，很多人让我意识到他们赞赏的不只是我的球风：他们也喜欢我这个人。我也明白真正的风度不在于我们是什么样，而在于我们想成为什么样，在于自知，也在于自问。

我迷醉于那些最为难懂的世界，那些充斥着莫名能量的神秘领域。我被那些超出我们控制范围的东西所吸引。我对那些迷信的举动并不执着，但我可以理解有人会从这些仪式中寻求安全感。我觉得自己需要这方面的知识，我要承认自己几年来一直试着去深入了解心理学和生命的意义等相关主题，我还对梦、对古老神话的隐喻相当着迷。我很愿意成为一个对于未知不抱偏见的人，我尊重一切脱离了理性范畴的东西，因为永远存在着似乎无法理解的未知，会有真实的粒子在随心所欲地旅行：我们不能忽视，而要去思考。在那中间，汇聚着巨大的力量。

第十章　挑战

　　13 岁到 18 岁在帕多瓦的那些漫长的夜晚，只能以面包和足球充饥的时候，我唯一的消遣就是晚饭后的乒乓球比赛。那里有一个小房间，刚好嵌得进一张球桌，四面几乎紧挨着墙壁：所以，得要采用阿加西^①的战术，全面抢先。但如果说我在家乡战无敌手，那这里的对手就太强了。我经常可以打到领先，结果——唉——最后却输掉了。这一点我可不喜欢。肯定存在着某个原因，才会造成了那些总是一模一样的失利。

　　每当比分打到 20 ∶ 20 的时候，我的手就会开始打战。这时候想要扣杀的话，肯定会扣出界。感性占据了上风，我意识到自己害怕输球。正是这些反复的挫折让我反省，我问自己："怎么才能改变？"答案并不是隔了一晚第二天早晨就能得到的，而是经历了相当漫长的过程。我清楚地记得自己决定改变策略和方式，让自己

_____

　　① 著名美国网球选手，擅长接发球和底线进攻。

想象要拼下的这一分并不是比赛的赛点，而是第一分。我明白这一分如果在心情放松的情况下绝对能打得更好，而不会像是在高压下那样让动作变形。我会在牌桌上打出不同的牌面，我的牌面。

感谢乒乓让我学会了在关键时刻不那么怯懦，不那么犹豫。我所赢得的第一个挑战便是战胜自己：当你跨越了这一步，你就准备好了去战胜他人。那是理智和心灵上的全面胜利。我还学到了太轻易或者表面上太轻易达成的事情通常会是个陷阱。

在小小乒乓球室中度过的那些夜晚教会了我如何保持冷静，这项成就对于我这样情绪化的人来说很不简单。最后，我明白了需要懂得从那一刻当中抽离，像是在关键时刻按下暂停键：如同一幅静止的电影画面。我一遍遍研究那些最后一分的失利，意识到自己其实并没有真正地相信自己能赢，没有信心，放任自己被焦虑主宰。我没有真正想赢，没有尽全力去赢，总而言之缺乏获胜的欲望。我的性情偏向于防御：等待对手出招后再去减少伤害，再去考虑结果。然而，更好的做法应该是直接面对这一刻的重要性。应当由你来主宰自己。

在一项真正的挑战中，永远是由你自己来决定事态的进展：无他，这就是意味着要去进攻。多年之后，当我独自站在世界杯决赛的罚球点上，少年时的这些经验起到了作用。因为在那一刻，我一生中从未那么渴望进球。而我知道自己能够罚进。那些是无法重回的瞬间，任何人都不能再有第二次机会。有你，有足球，还有那个关键的问题："阿莱，你要做什么？"你得迅速做出决定：如何出脚，踢向哪里，以多大的力度来射门。绝不犹疑，毫不示弱，要战胜人人都有的对失败的恐惧：冠军们也知道害怕，但他们要学会管理它，超越它。想做到这一点需要时间，需要失败和伤痛的积累，需要有再也不犯错的意志。

当你站在罚球点前，你只有最后一个障碍需要跨越，你要勇敢去面对它，要战胜恐惧。进球之前，球要先进入你的内心。你的手中抱着皮球，正准备把它放到地上，再也听不到周围的一切声音。你要倾听的只有那个问题，唯一重要的一个："阿莱，你要做什么？"助跑之前，你的眼中，你的心中已经抬起过脚，已经射进了门。所有我职业生涯中错失的那些点球，都错在没有去选择，错在轻慢，错在仓促。这些大多发生在我还是个年轻球员的时候。

· · ·

挑战感是 37 年来，也就是自出生以来供养我自身发动机的能源。我觉得它涵盖了所有其他的价值观。因为在挑战中，有天赋和美，有牺牲和坚持，有球感有风度。不过最重要的，挑战的中心有你，有你自身的最极致表达。

我也可以展现那种天使面容，以及世界上所有的教养。我可以轻声细语，必要时也可以沉默不言。我可以总是展现自己的风度，既不背叛自己也不背叛周遭的期许。然而在球场上，在那块长方形的绿茵中，对我自身最极致的表达是动物本能，是肾上腺素，也是对身体要达到最佳的渴求。那就是我的执着。

没有什么比挑战更重要。它令我心醉神迷，因为这里有着竞争。我对顾拜旦[①]、对神圣的奥运精神充满敬意，然而我还是不信奉重在参与：那很重要，但还不够。当然，不择手段的胜利会扭曲体育的意义。相信赛季中一两场比赛的结果就能成为命运的分水岭是荒唐的：胜利需要争夺到赛程的最后一分一秒，需要耗尽最后一丝体力，加法留到以后再做。在意大利，人们不懂得为一支明明打平就可以保级，却在勇敢战斗之后以主场 0∶3 输掉比赛的降级队去鼓掌。简而言之，我意识到自己活在某种矛盾之中：竭尽一切去获胜，同时明白那并不是一切。因为体育的意义比这要大得多。然而若是你不能够赢，却又如同一无是处。

● ● ●

提到挑战如同提到选择：两个词几乎可以通用。一个人的基本

---

① 现代奥林匹克之父。

价值就是有做出选择的能力。无论何种情况下我选择的总是比赛，选择挑战。小时候朋友们说我总是想赢，不管是玩牌还是玩弹珠，我记得也的确如此。我对胜利的执着一直完整地保持了下来，而且胜过其他一切。尽管是在失利时你才会认真学到东西，也是在那时，各种刺激才开始在你内心吼叫。那些嘶吼中包含着你对于不再受折磨的渴求，不能这样，不能再来一次了。输球时我如此难受，完全不想再回顾那种经历，梦想着赶紧把它删除掉，就像在牙疼时想要立刻有颗止疼片。失败是痛楚，我会研究它，分析它，因为你不想再重来一次，这里面也包含着我对挑战的渴望。如果一个对手没有被我的假动作骗过，那下次我会换一个动作，他一定会上钩。

我唯一能接受的失败就是输给我的孩子们，在游戏里。但在我的潜意识里，已经在期待他们再长大一些，就能和他们平等对战了。或赢或输，那一天都将是公平公正的。我希望他们未来也能从事体育工作，因为我就是这样走过来的，乐在其中，并且想长久地继续下去。体育是情感，是健康。体育不可思议，奇妙无比。

这么多年之后，我面临的真正挑战是继续踢下去。内心深处我觉得自己的竞争心比往日都要更鲜活，就像我小时在庭院里踢皮球。出类拔萃的渴望不管在任何时候都没有减弱过一分一毫，哪怕膝盖受了伤，哪怕经过了最后这个如此艰难的赛季。如果有一天我感觉到这丛火焰即将熄灭，那得多糟糕。我会如何反应？会发生什

么事？我不知道。

我觉得对于一名竞技选手，最大的挑战之一就是面对柯罗诺斯：时间之神。有时候我会反思为何有人会在停止工作后就开始失去活力，为何有些老人理论上有了更多的休息时间，偏偏却在那时病倒：这的确会发生，因为退休后失去了跟自我之间的联系，缺少了在做有用之事、有用武之地的感觉。他们，就像所有人，就像孩子们一样，想要继续进行下去。但问题在于无人能继续到天荒地老。

终有那么一天，当年的小亚历山德罗也得跟时间大神，跟长大了的亚历山德罗讨价还价。那一刻来临时他会跑到我面前，对我说："来吧，我们继续踢球吧。"因为踢球的感觉真的是太棒了，该死的棒，我是如此需要它。而另一个亚历山德罗则需要考虑柯罗诺斯，也许会回答说："来吧，阿莱，该是回家的时候了，没看见天黑了吗？院子里已经没有人了……"

天哪，我在说什么呢？这段对话纯粹是幻想，只是我脑海中的一幕电影，因为只有一个亚历山德罗，一个想要踢球也会继续踢下去的亚历山德罗。我不可能真的窥见未来，那还太遥远。

我确信自己的感性和性格，永远都会推动我去面对每项新的挑战。在尤文最后的这个赛季会给我力量，让我继续踢下去。既然我不把自己视为一名普通的选手，那么我热衷于去想象明天。

阿莱和亚历山德罗，小男孩和足球运动员，他们都对继续踢球